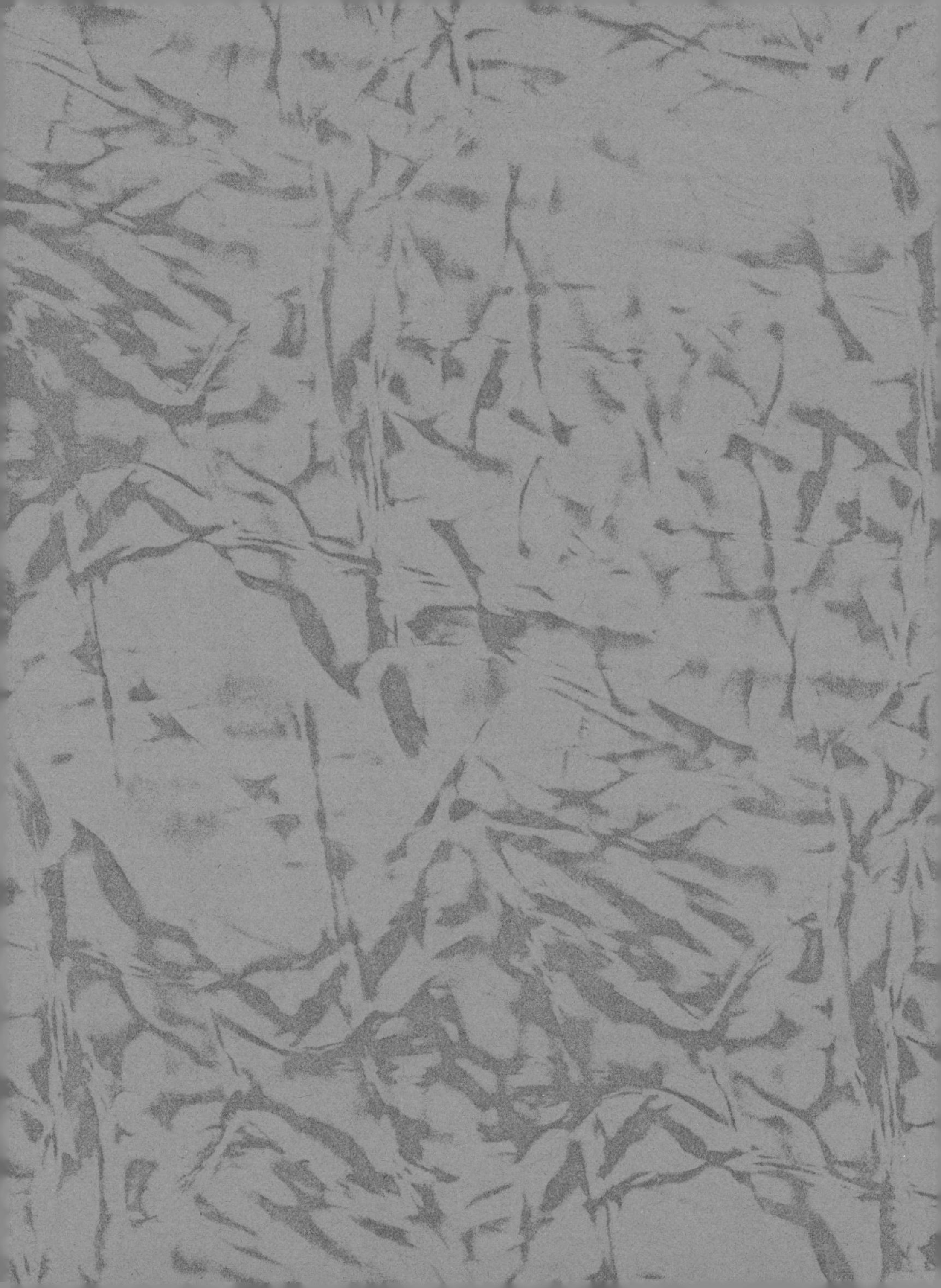

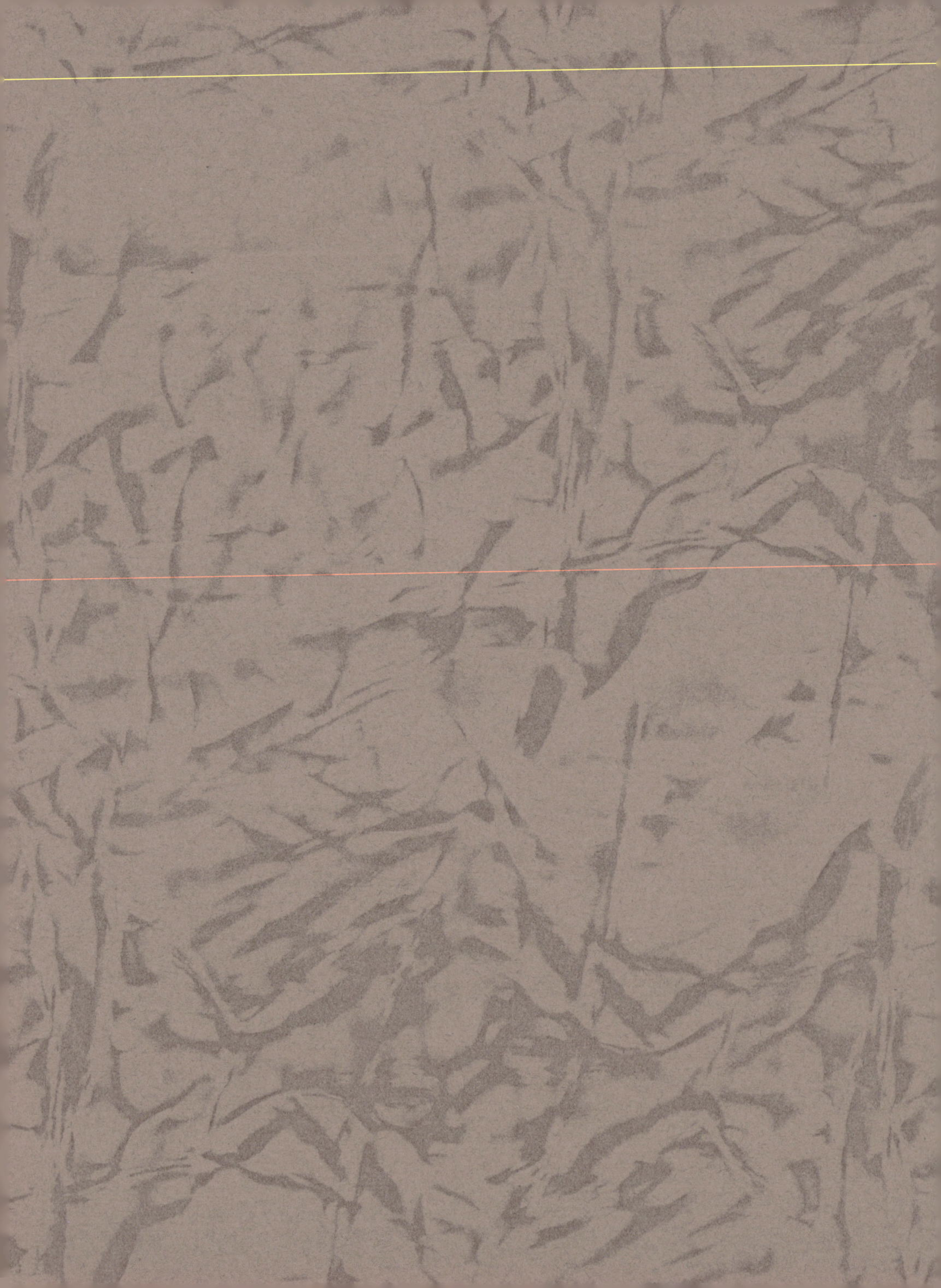

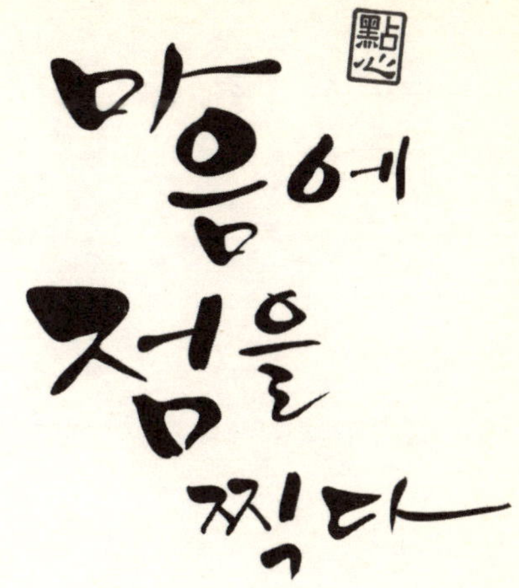

글 | 윤진섭

초판 1쇄 인쇄 2010년 12월 17일
초판 1쇄 발행 2010년 12월 21일

지 은 이 윤 진 섭
펴 낸 이 배 병 호
펴 낸 곳 도서출판 신원
디 자 인 배 인 섭, 성 황 휘
등록번호 제22-999호
주 소 서울시 중구 신당3동 349-69 유현빌딩 4층
전 화 02) 594-1594
팩 스 02) 2231-2883
홈페이지 www.sinwonart.co.kr

값 10,000원

ISBN 978-89-87884-63-9

▲ 석남 이경성 선생 미수출판기념회에서 한자리에 모인 전 한국미술평론가협회 회장들.
왼쪽부터 윤진섭(16–17대), 고(故)이경성(초대–4대), 윤우학(14–15대) 제씨

CONTENTS

첫째 장 _ 추억을 먹고 사는 아이

둘째 장 _ 미술시장과 비평

CONTENTS

넷째 장 _ 인생은 아름다워라

다섯째 장 _ 문화와 축제

책머리에

중학교 시절 교내 백일장에서 상을 두 번 받은 적이 있다. 일학년 때 시 부문에서 차상에 당선, 앙드레 지드의 〈좁은 문〉을 부상으로 받았고, 삼학년 때는 산문 부문에서 역시 차상, 부상으로 솔제니친의 소설집 〈이반제니소비치의 하루〉를 받았다. 그 후 〈좁은 문〉은 잃어버렸으나 〈이반제니소비치의 하루〉는 지금도 내 서가에 꽂혀있어 그 책을 볼 때 마다 문학에 대한 아련한 향수를 느끼곤 한다.

감수성이 예민한 청소년 시절에 누군들 문학이며 음악, 미술에 빠져보지 않은 사람이 있을까마는 내 경우엔 유독 그 병이 심했던 것 같다. 나무로 만든 화구 상자를 들고 다니며 미술반 활동을 하면서도 밴드부 선배들이 바이올린 연습하는 장면을 보면 그게 그렇게 부러울 수가 없었다. 글쓰기는 따로 특별히 하진 않았지만, 교내 백일장에서 상을 탄 걸 보면 내게도 문학적 재능이 조금은 있었나 보다.

누구나 그렇듯이 젊은 시절에 삶에 대한 열병을 치른 후 내 인생의 항로는 미술 쪽으로 가닥이 잡혔다. 스무 살에 미술대학에 입학하여 서양화를 전공한 뒤, 30대에는 작품 활동을 한답시고 행위예술에 푹 빠져 지냈다. 이 책에 행위예술에 대한 글이 몇 편 실린 것은 그런 연유에서다.

그러다가 비평 쪽으로 다시 진로를 바꾸게 된 것은 1990년 동아일보 신춘문예에 〈로즈 셀라비여, 왜 재채기를 하는가?〉란, 당시로선 파격적인 제목의 평론 글이 당선되면서부터다. 그 뒤부터 지금까지 이십 여 년의 세월을 미술평론에 빠져 보냈다. 미술평론을 하면서도 타고난 끼는 어쩔 수 없었는지, 1997년에는 불운했던 한 화가를 모델로 소설을 쓴 적이 있다. 지금은 이미 이 세상 사람이 아닌 강용대란 친구의 삶에 자전적 성격이 약간 가미된 그런 글인데, 이백자 원고지로 약 이천 매가 넘는 이 소설은 아직도 햇볕을 보지 못하고 책상서랍 속에서 잠자고 있다. 그 땐 무슨 열정으로 하루에 몇 십 매에 이르는 글을 겁도 없이 그렇게 써제꼈는지 지금도 의문이다.

이 책에는 옛날에 잡지사에서 청탁을 받아 쓴 수필을 비롯하여 최근에 쓴 글들이 실려 있다. 수필을 비롯하여 약간의 소설적 형식을 갖춘 글, 미술과비평에 관한 글 등 성격이 다양한 편이다. 그러나 누가 뭐래도 이 책의 중심은 역시 미술에 관한 시론(時論)에 있다. 딱딱한 논문의 형식을 갖춰서는 말하기 힘든 시평(時評)은 마치 수필처럼 가볍게 읽기엔 안성맞춤이다. 대부분 여러 미술잡지와 신문에서 청탁을 받아 그때그때 쓴 글들이 주류를 이루고 있다. 그래도 세월이 지나고 보니 마치 경쾌한 한 폭의 수채화처럼 그 시절의 고민을 읽을 수 있어서 마치 추억록을 뒤적이는 것 같은 감흥을 준다. 순서가 따로 없으니 독자들은 아무데나 펼쳐 읽어도 좋을 것이다.

2010. 12. 윤진섭

첫째 장

추억을 먹고 사는 아이

▲ 초등학교 3학년때 수원 용주사로 소풍을 가서 찍은 사진

광주비엔날레와 시골 아주머니

아마 한국 사람치고 '광주비엔날레'를 모르는 사람은 없을 것입니다. 재작년 9월 하순부터 장장 두 달 동안 전국의 매스컴이 있는 대로 요란을 떨었으니, 그걸 모르는 사람은 필시 간첩이거나 저 아프리카의 오지에서 살다 온 사람일 것입니다. 광주광역시 중외공원 넓은 잔디밭에서 케이 비 에스, 엠 비 씨, 에스 비 에스 등 국내에서 유명하다는 텔레비전 방송사들이 진을 치고 두 달간이나 생방송을 해대니까 전국의 시청자들이 구름같이 모여들었던 거지요. 초등학교 학동들부터 시골의 할머니 할아버지에 이르기까지 도시락 싸들고 모여들었는데, 나중에 통계를 보니까 어디서는 백만 명이라 하고 어디서는 백십 만 명이라고 합디다. 두 달 동안 모두 합친 관람객 숫자가 그렇다는 것인데, 이유야 어떻든 이는 미술행사의 관람객 동원기록으로는 단군 이래 최고임에 틀림없습니다. 그러나 아마 모르긴 해도 거기 다녀간 사람들 대다수는 본전 생각이 간절했을 것입니다. 시골에서 새벽밥 먹고 버스 대절해서 올라왔는데 막상 전시장이라는 데를 둘러보니 여기저기서 불이 번쩍번쩍하고 잔디밭에 웬 보자기를 한 무더기 갖다놓질 않나, 도통 모를 것만 잔뜩 늘어놓고 이게 '현대미술' 이라니 사람 참 복장 터질 노릇이지요. 관광버스 대절에 도시락, 고속도로 휴게실에서 마누라하고 주전부리한 것 까지 전부 합치면 물경 오만원이 넘는데, 거기다 입장료까지 받습디다, 이렇게 말하는 분들도 있을 것입니다. 헌데 정작 걱정되는 건 동네에 돌아가서 일입니다. 옆집 순이 아버지가 광주 비엔날렌지 '비올랜지' 보거들랑 이담에 꼭 구경한 거 '야그' 좀 해 달랬는데, 보긴 봤는데 뭘 알아야 설명을 해 주던지 면장을 해먹지, 이거 참 큰일 아니더라고, 이렇게 이야기하는 분들도 계실 겁니다.

그렇습니다. 현대미술은 아주 어려운 것입니다. 그게 어찌나 어렵든지 그 방면에 도가 텄다는 미술평론가들도 이따금씩 헛소리를 해대는 걸 보면 어렵다는 게 도시 틀린 말만은 아닌 것 같습니다. 어떤 책을 보니까 소위 평론가라는 사람이 글을 썼는데 "이 작품으로 말할 것 같으면, 존재의 존재를 마치 실제 있는 존재처럼 표현한 것으로써 존재감이 아주 두드러지게 나타나고 있다."

나도 시골에서 글줄깨나 읽었다고 자타가 인정하는 사람인데, '안광이 지배를 철' 하고 앞으로부터 읽고 뒤집어서 읽어봐도 도통 무슨 말인지 모르겠더라. 존재는 알겠는데 존재의 존재는 무엇인지 자다가 일어나 다시 봐도 모르겠더라, 이렇게 말하는 분들도 있을 것입니다.

서론이 길었습니다. 그러나 내친 김에 딱 한마디만 더 하겠습니다. 예의 광주 비엔날레와 연관된 이야기입니다. 앞에서 광주 비엔날레가 성황을 이루었다고 했습니다만 이는 정말 틀린 이야기가 아닙니다. 예향의 도시이자 피로 얼룩진 현대사를 지닌 광주에서 비엔날레가 열렸을 때, 전국에서 모여든 관람객들로 중외공원은 연일 북적였습니다. 비엔날레도 비엔날레지만 풍물에서 고적대에 이르기까지 광주시 전체를 축제 분위기로 만든 부대행사들도 볼 만 했습니다. 하늘에는 애드벌룬이 뜨고 울긋불긋한 각종 현수막에, 길가에 핀 코스모스까지 어울려 축제분위기를 한층 돋우고 있었습니다. 이번 비엔날레를 위해 새로 신축했다는 본 전시장은 중외공원 한 편에 우뚝 서서 웅자를 자랑하고 있었는데, 거기에는 세계 각국에서 온 작가의 작품들이 전시되어 있었습니다. 캔버스에 얌전하게 그린 작품들도 더러 있었지만 설치작품이라던가 뭐라는, 바닥에 주욱 늘어놓은 작품들이 대다수였습니다. 사진에서 본 영국의 근위병을 꼭 닮은 게 있는가 하면, 자전거도 있었습니다. 이 자전거는 관객이 직접 올라타서 페달을 밟도록 돼 있었습니다. 관객이 올라타서는 사타구니가 얼얼하도록 페달을 들입다 밟으면 어럽쇼, 헤드라이트에서 영화가 나오는 것이었습니다. 처음엔 그거 희한한 장치도 다 있다 했습니다. 사람 놀라게 하는 건 그 외에도 여럿 있었습니다. 김아무개라는 한국 작가의 작품이 있었는데, 이 작품은 뜨겁게 달군 철판에 물이 떨어지면 '치익' 하고 김이 솟구치는 것이었습니다. 그 소리가 어찌나 요란하던지 사람들은 영문을 모르고 서있다 깜짝깜짝 놀라곤 했습니다. 자동장치를 했는지 그 기계는 정확히 삼분마다 사람들을 놀라게 했습니다. 이것도 작품인가, 누군가 소근대는 소리가 들렸습니다.

장내를 꽉 채운 관객들은 밀려간다는 표현이 어울릴 정도로 떠다니고 있었습니다. 이 전시장에서 저 전시장으로, 이 작품에서 저 작품으로 밀려다니면서 구경을 하였습니다. 내가 그 장면을 목격한 것은 역시 한국 작가 중 한 사람인 안아무개의 설치작품 속에서 였습니다.

금방 '설치작품 속에서' 라고 굳이 말한 까닭은 이 작가의 작품이 마치 석굴암 같은 구조를 지니고 있었기 때문입니다. 사방 벽은 복사된 만 원짜리 지폐로 도배를 하고 오른쪽 벽에는 약국을 방불케 할 정도로 약병들을 진열해 놓고 있었습니다. 맨 뒤의 벽에는 움푹 파인 또 하나의 공간이 있었는데 거기에는 촛불이 은은히 비치는 가운데 불상이 놓여 있었던 것으로 기억합니다.

내가 그 아주머니를 유심히 보게 된 것은 아주머니의 독특한 행색 때문이었습니다. 두 달 동안 계속된 광주비엔날레에는 이례적일 정도로 시골 분들이 많이 구경을 오셨습니다만, 그 아주머니만큼 전형적인 촌부의 느낌을 풍기는 분은 흔치 않았기 때문입니다. 아마 그 아주머니는 비엔날레가 무슨 박람회라도 되는 줄 알았던 모양입니다. 수수한 한복으로 한껏 모양을 낸 아주머니는 예순이 채 안 돼 보이는 데도 허리가 굽어 보였습니다. 아마 고단한 밭일이 그처럼 허리를 굽게 했는지도 모릅니다. 아주머니는 녹색 나는 개피떡이 담긴 비닐봉지를 한 손에 꼭 쥐고 있었습니다. 작품을 보는 아주머니의 눈빛은 아주 진지해 보였습니다. 전시장 안을 구석구석 둘러보고, 벽이며 약병을 뚫어지게 살펴보곤 했습니다. 그러면서 간간히 남편인 듯한 아저씨와 무슨 말을 나누기도 했습니다.

전시장을 다 둘러본 아주머니의 얼굴에는 실망한 빛이 역력했습니다. 아니, 어쩌면 그것은 분노의 표정이었는지도 모릅니다. 아주 짧은 순간이었지만 얼굴위로 그늘 같은 것이 얼핏 스쳐 지나가는 것을 보았으니까요. 피유, 하고 아주머니는 휘파람 같은 한숨을 짧게 내쉬었습니다. 그리고는 지나가는 소리로 이렇게 말하는 것이었습니다.

"돈 지랄헌다. 돈 지랄혀."

순간 나는 둔중한 쇠망치로 한 대 맞은 것 같은 충격을 느꼈습니다. 그러면서도 한편으론 쿡 하고 웃음이 나오는 걸 어쩔 수 없었습니다. 끌끌 혀를 차는 아주머니의 표정은 이걸 작품이라고 해놓고 밥을 먹느냐는 뜻 같았는데, 이 작가는 아주머니가 도저히 이해 못하는 바로 그 방법으로 밥을 먹고 사는 것이 분명하기 때문입니다. 더구나 이 작가는 아주머니가 '지랄' 이라고 표현한 바로 그 돈으로 벽에 떡칠을 해 놓았으니, 이 아주머니야말로 정직한 관객이자 지상 최고로 예리한 평론가가 아니고 그 누구이겠습니까? 적어도 이 세계의 요리를 훤히 꿰뚫는 나의 입장에서 볼 때 말입니다.

돈 지랄한다!

서두부터 상소리를 늘어놓아 죄송하기 그지없습니다만, 시골에서 온 한 아주머니가 던진 이 육두문자 한마디는 그 자체가 '알쏭달쏭' 한 미술계의 생리에 대해 던지는 화두가 아닐 수 없습니다. 아주머니가 무심코 내뱉은 이 한마디야말로 촌철살인의 선적(禪的) 경지를 보여주고 있습니다. 가령 이러한 세계 말입니다. 손가락으로 달을 가리키고 난 연후에 손가락이 무슨 필요가 있으랴! (1997)

매미의 가을

K 교수님께

말복을 지났는데도 한낮의 더위가 기승을 부리고 있습니다. 벽에 걸린 괘종시계의 시침이 두 시를 가리키는 걸 보니, 밖은 아마도 타는 듯한 불가마속 한 가운데 같겠지요. 이번 여름은 그 어느 때 보다도 더워서 본격적인 여름을 실감할 수 있었습니다. 여름이 여름다워야 하고 겨울이 겨울다워야 함은 자연의 이치를 염두에 둘 때 당연한 일이겠지요. 만일 겨울이 무덥고 여름이 추우면 자연스런 일이라 할 수 없겠습니다. 자연(自然)은 '스스로 그러함'을 일컫는 것이니, 만일 그렇지 않을 때 그것은 필경 인위(人爲)일 것이기 때문입니다.

K교수님!

교수님은 일찍이 약관 30대 초반에 [국전]에 응모, 대통령상을 받아 세상을 놀라게 했습니다. 당시 [국전]의 권위가 어떠했습니까? 신문의 1면에 작품 사진이 대문짝만하게 나올 정도로 세간의 관심을 끌지 않았습니까? 전시가 흔치 않았던 70년대 당시만 하더라도 [국전]이 열리는 덕수궁 현대미술관 앞에는 전시를 보러온 관람객들로 장사진을 쳤던 기억이 지금도 새록새록 납니다. 교수님은 그때 '국전 최연소 대통령상 수상'이란 뉴스 밸류 때문에 연일 매스컴을 타셨지요. 그 덕에 일찍이 교수가 돼 후진을 양성하는 일을 천직으로 알고 오늘까지 매진해 오셨습니다. 그런 일이 엊그제 같은데 어느덧 교수님의 머리에도 서리가 하얗게 앉아 경륜에 걸맞는 인품의 고매함을 부드럽게 드러내고 있습니다.

K교수님!

교수님은 몇 년 전 제자의 개인전 뒤풀이에서 저에게 말씀하셨습니다. "윤 선생, 내 나이가 이제 예순 다섯이요. 올해 정년이란 말이지. 헌데 후회가 돼. 젊을 땐 한정 없이 남아있을 것만 같던 시간이 어느덧 순식간에 지나가고 머리엔 흰 서리만 앉았어요. 지금 다시 시간이 주어진다면, 원 없이 그림을 그리고 싶은데……" 라고 말씀하시는 교수님의 눈에는 얼핏 눈물이 비쳤습니다.

교수님은 그렇게 말씀하셨지만, 정작 교수로서 당신의 삶에 충실

했다는 사실은 그날 그 자리에 모인 제자들이 교수님을 대하는 모습이랄지, 다른 자리에서 들은 이야기를 종합해 볼 때 분명한 것이었습니다.

그렇습니다. 후학을 양성하며 한편으로는 자신의 작품세계를 가꿔나가는 일이 왜 아니 힘이 들겠습니까. 두 마리 토끼를 잡는 일이 말처럼 그렇게 쉬운 일은 아니지요. 교수님은 자신의 작품보다는 후진양성이라는 천직에 충실하여 비록 예전의 화려했던 명성을 유지하지는 못하셨지만, 제자들로부터 많은 존경을 한 몸에 받으셨지요. 저는 그 일 역시 화업(畵業)을 가꿔온 것 이상으로 보람있는 일이었다고 생각합니다.

존경하는 K교수님,

작년에 00미술관에서 열린 교수님의 회고전은 정말 보기 드물게 훌륭한 전시였습니다. 대학 재학시절에 그린 드로잉에서부터 최근작에 이르기까지 엄선된 수백 점의 작품들은 40여 년에 걸친 교수님의 작품세계를 일목요연하게 보여주었습니다. 전시장을 둘러보면서 저는 교수님에 대한 세간의 평판이 전혀 헛된 것이 아님을 새삼 깨달았습니다. 교수님의 고매한 인격이 작품 속에 스며있는 것을 보고 학과같은 교수님의 풍모가 그냥 형성된 것이 아님을 알 수 있었던 것은 그날의 수확이었습니다. 들은 바에 의하면 교수님은 정년퇴임을 한 다음날부터 두문불출하고 작품에 매진하셨다지요. 그 기간이 무려

오년이나 지속되었습니다. 그날 전시장에서 제가 본 작품들 중에서 가장 독창적이며 훌륭한 것은 역시 정년이후에 그리신 작품들이었습니다. 그 작품들에는 인생에 대한 담담한 관조가 부드러운 색조를 통해 드러나 있었습니다. 화려하고 강하지는 않으나 홍진(紅塵)에서 완전히 벗어난 듯한 부드러움의 미학이 잔잔하게 배나오고 있었으니까요.

K교수님,

오늘 신문을 보니 모 지방의 공립미술관 관장에 정년퇴직한 그 지역 출신 교수가 임명되었더군요. 연령을 보니 교수님과 동갑입니다. 기사 내용을 보니 그 분도 교수님처럼 일찍이 미술대학에 자리를 잡아 그림으로 후진을 양성하셨던 모양입니다. 지역미술의 발전에 지대한 공을 끼쳤다고, 그래서 그것이 이번 임용의 가장 큰 사유라고 신문은 전하고 있었습니다.

그 신문을 덮으면서 저는 크게 탄식을 했습니다. 그 지역은 몇 달 전에 제가 학술 세미나를 다녀온 곳입니다. 그 자리에서 저는 왜 전문가가 미술관을 운영해야 하는지 역설을 했습니다. 저는 발표문에서 미술관장은 '작가 출신의 퇴직 교수를 위한 자리' 가 아니라고 분명히 밝힌 바 있습니다. 다행히 미술에 대해 식견과 경험이 없는 행정가가 관장 자리에 앉는 불행한 일은 되풀이 되지 않았지만, 결과가 석연치 않은 것은 마찬가지 입니다. 왜냐하면 이번 임용에는 능력과 자격을 갖춘 전문가들이 다수 응모한 것으로 알고 있기 때문입니다.

K교수님,

비전이 있는 사회란 능력이 있고 유능한 인재들이 사회 곳곳에 배치되어 마치 기름을 듬뿍 친 시계의 톱니바퀴처럼 잘 돌아가야 하는 것 아닌가요? 그리하여 미장이는 미장일을 천직으로 알고 열심히 일해 응분의 경제적 보상을 받고, 미용사는 또 그렇게 열심히 일해 살림을 꾸려간다면 그 사회는 복되고 밝은 사회가 아닐까요? 그런데 만일 미장이에게 미용 일을 맡기고, 땜장이에게 고기를 자르라고 시킨다면 그들이 그 일을 감당해 나가겠습니까?

아무리 하찮은 일이라도 평생토록 같은 일에 종사하면 나중에는 도의 경지에 이른다고 합니다. 그 일을 통해 세상의 이치를 깨닫게 되기 때문이지요. 장자에 나오는 백정의 고사는 생업의 중요함을 일깨워주는 대표적인 사례입니다. 그런데 저는 바로 우리 사회가 이런 세상의 이치를 역행하는 것 같아 참으로 보기에 안타까울 따름입니다.

K교수님,

노회한 정치가들이 무슨 자리에 나설 때 마다 공통적으로 외치는 출마의 변(辨)이 있습니다. "국가와 사회를 위해 몸과 마음을 다 바치겠다"거나 "마지막 봉사를 하겠다"는 게 바로 그것입니다. 그러나 이 거창한 수사적 발언이 빗나간 경우를 저는 여러 번 봐 왔습니다. 그래서 저는 나라의 진정한 애국자는 그런 거창한 발언을 하는 사람들이 아니라 아무도 모르게 산에 나무를 심거나 거리를 청소하는 무명의 민초들이라고 생각합니다. 이런 분들이 도처에 있기 때문에 그나마 우리나라가 별 탈 없이 굴러가는 것이지, 그렇지 않았으면 벌써 거덜이 났을 것입니다. 이를테면 지난 번 국가적 위기를 맞았을 때 금을 모아 IMF를 극복한 이 나라의 진정한 주인이 누구였습니까?

K교수님,

주제넘게 너무 많은 말씀을 드렸습니다. 마지막으로 한 말씀 더 드리겠습니다. 얼마 전에 저는 지인으로부터 교수님께서 교수님이 사시는 지역의 미술관 관장 직에 응모할 것을 천거 받았으나 완곡히 사양하셨다는 말씀을 전해 들었습니다. "송충이는 솔잎을 먹어야한다. 이젠 손자들 재롱이나 보면서 살겠다"고 말씀하셨다지요? 그러나 그 말씀은 핑계일 뿐 실은 그 자리에 합당한 다른 사람을 위해 양보하신 넉넉한 배려임을 제가 왜 모르겠습니까? 교수님의 언행이 늘 그러하시니 주변 사람들의 교수님에 대한 존경심이 날로 더해 가는 것이겠지요.

K교수님,

맴, 맴, 매앰맴, 창밖으로 보이는 느티나무 줄기에 매미 한 마리가 앉아 한껏 목청을 돋우고 있군요. 여름이 다 가는 걸 아는지 모르는지 매미는 지금 이 순간을 마음껏 즐기는 것 같습니다. 그러나 가을이 오면 매미 소리도 사라지고 낙엽 지는 소리만 사락사락 들리겠지요.

이 무더운 성하(盛夏)에 교수님의 안부가 궁금하여 몇 자 적어보았습니다. 다시 만나 뵐 때 까지 부디 건강하시기 바랍니다.

〈문화저널21, 2010〉

▲ 생가터에서 평택쪽으로 바라본 들녘 모습, 기계화 영농으로 모습이 변해 옛날의 정취는 간 데 없다.

젖은 짚단 태우듯

내가 어렸을 적, 아버지는 겨울이면 새벽같이 일어나 사랑채에 딸린 아궁이에 불을 지피고 쇠죽을 끓였다. 아버지는 큰 가마솥에 여물을 넣고 물을 가득 부은 다음, 그 위에 쌀겨를 두어 바가지 듬뿍 끼얹고 짚단에 불을 붙였다. 짚은 바짝 말랐을 땐 잘 탔지만, 눅눅할 땐 매캐한 연기만 낼뿐 잘 타지 않았다. 그럴 때마다 아버지는 비저 나오는 눈물을 참느라 한쪽 눈을 찡그리며 애꿎은 아궁이 속만 들여다봤다.

"아버지, 왜 안 타?"

어느 추운 겨울 날, 아버지 곁에 쪼그리고 앉아 아궁이 속에 든 감자가 나오길 고대하며 내가 이렇게 물으면,

"글쎄 말이다. 짚한테 물어보렴, 왜 안 타나……"

하고는 부지깽이로 죄 없는 솥뚜껑만 탕탕 두들겼다. 그런 날이면

아궁이 속에 든 감자는 한참 시간이 지나서야 먹을 수 있었다. 철이 없었던 나는 오로지 그게 불만이었다.

1970년대 '사월과 오월'이 불러 히트한 '화(和)'의 노래 가사에도 이 젖은 짚단 이야기가 나온다. "너와 맹세한 반지 보며/ 오늘도 젖은 짚단 태우듯/ 또 하루를 보냈다/ 화(和)가 이 세상 끝에 있다면/끝까지 따르리......."

젖은 짚단을 태우는 일은 말이 쉽지 그렇게 간단한 게 아니다. 젖은 짚이 불의 본성에 멀리 있기 때문이다. 물(水)과 불(火)의 관계, 그것을 일러 음양오행으로는 상극(相剋)이라 한다던가. 아무튼 불의 입장에서 보면 짚을 말리면서 태우자니 영 성가신 게 아니다. 한꺼번에 태워버려야 속이 시원하겠지만, 물기가 있으니 그렇게도 못 한다. 그러나 그건 불의 생각일 뿐이다. 반대로 짚의 입장에서 보자면 그것은 자신이 살기 위해서 벌이는 단말마적 저항이기 때문이다.

'단말마적 저항'이라. 한 국어사전은 '단말마(斷末魔)'를 가리켜 "숨이 끊어질 때의 고통"이라고 풀이하고 있다. 숨이 끊어질 때의 고통이란 과연 어떤 것일까? 시(詩)에는 도통 문외한인 내가 얼마 전에 산 낙지를 먹고 나서 먹을 때의 그 꺼림칙한 느낌을 시랍시고 끄적거린 게 있으니, 그 전문을 여기에 옮기면 다음과 같다.

근조(謹弔) 세발낙지

그대의 튼실한 건강은
세발낙지의 저 완강한 저항을 무너뜨린 결과다
부드러운 살 속을 파고드는
인간의 저 강인한 이빨과 먹고자 드는 집요한 욕망이
얼굴을 타고 부채 살처럼 퍼지는
세발낙지의 단말마적 저항을 굴복시킨 결과다

그대 아는가
그대의 날카로운 송곳니가 세발낙지의 연약한 발을 끊을 때
그대의 크고 강한 어금니가 그 놈의 둥근 머리통을 아작낼 때
그 놈이 과연 무슨 생각을 했겠는 지를,

그 놈은 자신의 마지막 수단인 먹물을 쏟아내면서
피를 토하듯 쏟아내면서
제깐엔 그것도 저항이라고 최선을 다하면서
눈알에 핏발을 돋우고 까무러치면서 조차
속수무책의 저항을 하고 있다는 사실을,

세발낙지의 이러한 저항은

저 인도의 마하트마 간디라도 배워야 할 판,
비폭력 무저항도 저리가라지

파르르 떨리는 그 놈의 신경은
우주를 향해 날리는 마지막 에스, 오, 에스
절체절명의 순간에 보내는 구원의 신호다
…………
혹시 알리여
우주를 떠돌던 낙지의 영혼이
미래의 어느 날 수소폭탄으로 환생을 하여
이 몹쓸 지구를 작살을 낼 지

그러니 그대여, 앞으로 행여 세발낙지를 먹거들랑
질끈 눈이라도 감아줄 일이다

건방진 이야기 같지만, 우리 사회를 들여다보면 나는 산 낙지의 저 '단말마적 저항' 이 생각난다. 본디 한 뿌리에서 태어났거늘, 왜 무슨 일만 나면 서로 '단말마적' 으로 싸우고 으르렁대는가. 남과 북이 싸우고, 여당과 야당이 싸우고, 보수와 진보가 싸우고, 남성과 여성이 싸우고, 부자와 가난한 자가 싸운다. 우리에게는 젖은 짚단을 태우는 마음의 여유가 없다. 나의 아버지는 젖은 짚단을 태울 때, 매캐한 연기에 눈물을 흘리면서도 짚단을 말리려고 무진 애를 썼다. 양손을 이용해 볏짚을 부챗살처럼 좌악 편 다음, 위 아래로 뒤집어가면서 서서히 태웠다. 그러면 짚은 신기하게도 잘 탔다. "아버지, 왜 그렇게 해?" 궁금한 내가 물으면 아버지는 대수롭지 않다는 듯 대답하곤 했다. "젖은 짚단은 살살 달래야 한다."

살살 달래야 한다! 생각이 없는 미물에게도 그러하거늘 하물며 사람에게랴. 살살 달랜다는 것은 소통을 시도하는 일이다. 자애한 어머니는 아기에게 젖을 물릴 때도 아기의 기색을 살핀다. 배고프지 않은 아기에게 우격다짐으로 젖을 물리는 어머니는 어머니로서의 자격이 없다. 만일 그럴 경우, 말 못하는 처지일망정 아기는 젖을 토하는 것으로 저항의 의사를 표한다.

소통, 즉 커뮤니케이션은 기나 긴 설득의 과정이다. 거기에는 시간이 필요하다. 젖은 짚단을 태울 때의 마음고생을 이겨내고, 매운 연기를 참아내는 인내심이 필요하다. 그래야 투정을 부리던 볏짚이 주인의 편이 돼 준다. 그제야 비로소 볏짚은 자신의 본성을 되찾고 스스로를 태워 주인에게 보답을 한다. 그렇지 않으면 어떻게 우리가 추운 겨울을 날 수 있으랴. 따끈한 아랫목에 앉아 잘 익은 감자를 까먹는 행복을 느낄 수 있으랴!

몹시 추운 겨울 새벽녘이면 나의 아버지는 매일같이 아궁이 앞에 앉아 쇠죽을 끓였다. 젖은 짚단은 잘 타지 않았다. 그럴 때 마다 궁금한 나는 아버지에게 물었다.

"아버지, 짚이 왜 안 타?"

그러면 아버지는 어두컴컴한 대문 밖에 눈길을 주며 대답하곤 했다.

"글쎄 말이다. 짚한테 물어보렴. 왜 안 타나......."

〈문화저널21, 2010〉

▲ 중년시절의 아버지(윤흥기), 1950년대 후반 모습

비(雨)

이 기록은 한 인간의 슬픈 내면에 관한 이야기다.

한 사람이 세상에 태어나 성장하고 사고하는 데에는 많은 시간이 필요하다. 시간은 자의적이며 주관적이기 때문에 그것을 측정할 수 있는 적절한 도구란 없다.

시간과 장소는 느끼는 것이다. 지금이 몇 시고 여기가 어딘가 하는 질문은 필요 없다. 인간은 '지금 그리고 여기서 느끼는 존재' 이기 때문이다. 느낌이란 그래서 중요하다. 내가 지금 여기서 저 사람을 보고 있는데, 저 사람은 저기서 나를 보고 있다.

이상하지 않은가? 이 느낌, 이 만남, 두 눈과 눈의 마주침, 거기서 파생되는 어떤 빛과 같은 것. 공기의 흐름과 대기의 서늘함과 약간 어두운 실내의 분위기가 주는 어떤 엄숙함. 그 속에서 그가 나를 응시하고 있다는 이 사실이야말로 우리의 존재를 확인할 수 있는 유일한 순간인 것이다.

그 사람은 왜 나를 응시하고 있는가? 약간 슬픈 듯한 눈길을 하고 나를 바라보고 있는가? 그래서 나는 그녀에게 다가간다. 이번엔 대상이 그녀라고 해 두자. 나는 그녀에게 다가간다. 한 서너 발짝 걸음을 뗀다.

"하이!"

내가 가벼운 음성으로 말한다. 음성은 밝고 경쾌하다.

"하이!"

그녀도 나를 보며 경쾌한 목소리로 대답한다. 그러나 몸은 미동도 하지 않는다. 다만 입을 가볍게 움직여 대답할 뿐이다.

"지금 여기가 어디?"

내가 말한다. 창밖에는 세차게 비가 오는지 유리창으로 빗물이 흘러내리고 있다.

"주디스 인 424호……"

더블린은 요 며칠간 계속해서 비가 내리고 있다.

"어젠 어딜 헤매고 다닌 걸까? 잘 기억이 않나."

그러고 보니 머리가 깨질 듯이 아프다. 멤피스, 판타지, 기네스 생맥주집 등등 몇 군데를 돌아다닌 기억, 그리고 흐릿한 기억 속에 떠오르는 몇 개의 영상들. 그것들은 낡은 영화의 장면처럼 오버랩되어 있다.

“코가 긴 마녀……검정색 모자를 쓰고 얼굴이 회색인……”

그녀가 여전히 나를 응시하며 말했다. 어둠 속에서 그녀의 흰 이가 하얗게 빛난다.

“아 맞다. 할로윈 데이.”

그래, 그렇다. 마침 도시 전체가 할로윈 축제로 들떠 있었다. 아이들이 재잘대는 소리, 먼 데서 은은하게 들리는 성당의 종소리, 마차가 돌로 된 도로 위를 달리는 소리, 그것은 재깔거리는 새소리를 닮았다.

내가 묵고 있는 호텔의 창 너머로 건너편이 바라다 보인다. 그곳은 넓은 홀이다. 실내는 어둠 속에서 밝게 빛나고 있다. 거기 나무로 된 바닥에 탁자들이 여기저기 놓여 있고, 홀의 앞쪽에는 춤을 출 수 있도록 넓은 공간이 마련돼 있다.

가면을 쓴 젊은 남녀들이 모여 뭔가 이야기를 나누고 있다. 베란다에는 담배를 피우는 청년들이 보인다.

축제는 아직 시작되지 않고 있었다. 붉거나 검정색 우단으로 만든 망토를 걸친 젊은 남녀들이 계속 실내로 들어오고 있는 중이다. 처음 내가 그녀를 만난 곳이 바로 거기였다. 카페 파스칼로(Cafe Pascallo).

"하이!“

내가 그녀에게 다가가며 말했다.

“하이!”

그녀가 가볍게 응수했다.

그녀는 아직 가면을 안 쓴 채였다. 초록색 망사 스타킹에 진홍색 치마, 가슴이 깊게 파인 흰색의 블라우스가 검정색 망토를 배경으로 희게 빛나고 있었다.

"더블린은 처음인가요?"

그녀가 말했다.

"위."

내가 불어로 대답했다.

"비를 좋아 하세요?"

그녀가 물었다.

"브람스만큼……"

내가 말했다.

그렇게 말하고 나니 왠지 대단히 멋진 대꾸를 했다는 생각이 들어 순간 기분이 좋아졌다.

"이제 잠시 후면 파티가 시작될 거예요. 그런데 당신은 제임스 조이스를 좋아하시나요?"

그녀가 길게 타들어간 담배를 가볍게 흔들어 재를 털며 말했다.

"네, 좋아합니다. 특히 〈젊은 예술가의 초상〉을 감명 깊게 읽었어요."

내가 말했다.

"그럼 둥근 성을 보셔야겠네요?"

둥근 성은 〈율리시즈〉의 초반에 나오는 곳이다. 순간 부룸의 목소리가 들리는 것 같았다.

내게 〈율리시즈〉는 넘어야 할 벽이었다. 고등학교 시절 그 소설을 처음 접했을 때 그것은 얼마나 어렵게 다가 왔던가?

삶은 늘 그렇다. 예기치 않게 어떤 일이 벌어지거나 누군가를 만나거나 그렇다. 계기들의 연속. 그렇게 만난 것들은 삶이란 직물을 짜는 재료들이다. 조각난 파편들이 모여 생(生)이란 직물을 구성하는 것이다.

나의 의식은 다시 현실로 돌아왔다. 나는 지금 여기에 있다. 쥬디스 인 424호. 약간 싸늘한 공기가 코를 자극하는 여기는 더블린 시내다.

"그래서 당신은 어제 어디를 그렇게 다녔나요?"

그랬다. 나는 술에 취해 몽롱한 상태에서 시내를 배회했다. 처음에 나는 거기가 어딘지 몰랐다. 그냥 유령처럼 흐느적거리며 도시의 구석구석을 돌아다녔다. 중세의 골목을 연상시키는 낡은 성벽들. 카페 파스칼로는 쥬디스 인에서 시청 쪽으로 조금 내려가면 나오는 고성 맞은편에 있다.

Ⅰ.

더블린 시내에 있는 건물 안에서는 흡연이 금지돼 있다. 음식점이나 술집에서도 이 규정은 잘 지켜진다. 실내에서 담배를 피우는 사람은 찾아볼 수 없다. 그래서 더블린은 나같이 담배를 즐기는 사람에겐 불편한 도시다.

그러나 비록 담배를 피우지 못하는 게 아쉽기는 하지만 카페 파스칼로는 쾌적한 곳이다. 티크나무로 만든 의자와 탁자들은 전체적으로 갈색 분위기가 감도는 실내 분위기와 잘 어울린다.

벽난로가 있는 곳을 중심으로 불쑥 튀어나온 선반에는 기네스 컵들이 가지런히 놓여있다. 더블린은 기네스 맥주로 유명한 곳이다. 어디를 가나 기네스와 관련된 축제가 있고, 기념품을 파는 가게가 즐비하다.

거리에는 다시 비가 내리고 있다. 추적추적 내리는 비는 초겨울을 알리는 나뭇잎에도, 거리의 포도에도 내린다. 비에 젖은 사물들은 온통 검은 빛을 띠고 번질거린다.

"프란시스 베이컨 전은 보셨나요? 시내 곳곳에 포스터가 많이 붙어 있던데......"

아!, 나의 입에서 가벼운 탄성이 나온다. Terrible Beauty. 전시 타이틀을 알리는 문구와 함께 문득 시립미술관의 벽에 걸려있던 베이컨의 얼굴이 뇌리에 떠오른다.

그 말을 듣는 순간, 생각한다.

'terrible'과 ' beauty' 간의 절묘한 조합을......끔찍한 아름다움이라......

그렇다. 삶은 아름답기도 하지만 끔찍하게 고통스럽기도 하다. 아름다운 것이 끔찍한 결과를 가져오고, 지극히 끔찍한 것은 지극히 아름답기도 한 것이다.

"베이컨은 참 예민한 화가예요. 그이처럼 한 순간의 느낌을 절묘하게 포착한 화가는 본 적이 없어요."

내가 말했다. 어느덧 카페 파스칼로에도 손님들이 제법 들어찼다. 흰색 블라우스에 검정색 바지를 입고, 검정색 에이프런을 두른 여 종업원들 몇이서 식탁사이를 바쁘게 돌아다니며 일을 하고 있었다.

그녀들은 행주로 식탁을 훔치고 음식과 술을 날랐다. 술은 기네스 생맥주가 대부분이었다.

"줄을 타듯이 삶을 살아가는 인간의 존재를 잘 표현했죠."

그녀가 말을 받는다. 그렇게 말하는 그녀의 존재는 마치 몇 십 미터나 떨어져 있는 것처럼 느껴진다.

"사각의 틀에 갇힌 존재, 삶이란 그런 거예요. 그 누구도 그런 운명의 굴레를 벗어날 수 없답니다."

내가 말했다. 어느새 빗줄기는 더 굵어져 있었다. 손님들 중 몇 명이 비가 사정없이 들이치는 창문을 하염없이 바라보고 있었다.

Ⅱ.

그녀의 시신이 발견된 곳은 더블린 캐슬에서 성당을 지나 한 20분쯤 걸어가면 나타나는 강변이었다. 그것은 강에서 방금 건져 올린 듯 온 몸이 물에 젖어 있다. 검정색 치마 아래로 보이는 초록색 망사 스타킹이 그녀의 신분을 말해주고 있다. 하얗게 칠한 얼굴은 분장이 많이 지워져 있다. 빨간 루즈를 칠한 입술이 약간 벌어져 있어 그녀가 죽은 것이 아니라 잠시 잠이 든 것 같은 느낌을 준다. 나는 그녀의 시신이 하필이면 왜 거기서 발견되었는지 모른다. 그녀는 왜 거기에 간 것일까? 그 반대편으로 갈 수도 있었을 텐데. 풍경으로 치면 그 반대편에 있는 트리니티 칼리지 쪽이 더 좋지 않은가.

그렇다. 세상의 모든 사물은 특별한 존재의 이유를 가지고 있지 않다. 그냥 있는 것이다. 나는 그녀의 시신위로 추적추적 내리는 비를 바라보며 그런 생각을 해 본다.

2009년 11월 1일 파리에서 인천공항으로 가는
에어 프랑스 기내에서 쓰다.

▲ 아일랜드의 한 소도시에서

기본은 하자!

돌이켜 보면 우리 사회가 군사정권 치하에 있었을 때, 수많은 구호들 속에 파묻혀 살았던 적이 있다. '경제입국'을 필두로 "잘 살아보세!" 혹은 '백억 불 수출'과 같은 장밋빛 미래를 약속하는 온갖 구호들, 60년대와 70년대를 통과하는 동안 갖은 박해와 삶의 질곡 속에서도 밝은 미래적 비전을 향한 국민들의 노력은 계속되었고, 그 결과 현재와 같은 경제적 번영의 기틀이 잡혔다고 할 수 있다. 그러나 그러한 경제적 번영에 걸맞는 국민 의식의 성숙이 뒤따랐는지는 의문이다. 이른바 고도 압축 성장이라는 다소 기형적인 경제 발전의 이면에는 의식의 성숙이 뒤따라주지 못한 데서 오는 부정적인 요인들이 깃들어 있기 때문이다. 경제는 성장을 했지만, 그 과정에서 형성된 "빨리, 빨리" 증후군은 삼풍백화점과 성수대교 붕괴라는 전대미문의 사태를 초래했고, 졸속으로 형성된 대기업의 몰락을 가져왔다. 그러나 한국은 역시 저력이 있는 나라다. IMF 위기를 '금 모으기'와 같은 범국민적 캠페인으로 극복한 한국은 2008년에 들어서 국제통화기금이 전망한 GDP 기준 세계 14위의 경제대국으로 성장했다. 그렇다면 민주주의 성숙도의 지표인 국민 의식은 과연 어떠한가.

나는 우리 사회가 그래도 옛날과는 비교가 안 될 정도로 성숙했다고 믿는 낙관론자다. 가령 자동차 문화를 생각해 보자. 마이카 붐이 불기 시작한 80년대 초반만 하더라도 길거리에서 운전자들끼리 서로 욕설을 퍼붓고 몸싸움을 벌이는 광경을 흔히 볼 수 있었다. 그러나 지금은 그처럼 추한 광경은 좀처럼 보기 어렵다. 신문에서 뺑소니에 관한 기사도 눈에 띄게 줄었고, 거리에서는 합승을 한 택시의 모습을 찾아보기 힘들다. 이 모두가 사회의 구석구석에서 질서가 잡혀가고 있다는 증거일 것이다. 아직 완전히 만족할만한 단계는 아니지만 과거 수 십 년 전과 비교해 볼 때 참으로 격세지감이 느껴지는 흐뭇한 모습이 아닐 수 없다. 그러나 우리 삶의 미세한 부분을 관찰해 보면 아직도 고쳐야 할 점이 많다. 그것은 특히 먹거리 문화, 특히 음식점 예절과 관련된다. 식당에서 큰소리로 떠드는 손님은 물론 물 컵에 손을 담근 채 나르는 종업원에 이르기까지 모두 '거기서 거기'인 예절의 제로지대에서는 관광입국의 꿈은 단지 거창한 구호에 불과할 뿐이다.

'기본(基本)'은 근본적인 터를 잘 닦는 것을 의미한다. 비록 오래 걸리고 더디더라도 기반을 단단하게 다진 연후에 집을 져야 그 집이 오래 견디고 튼튼하리라는 것은 상식에 속한다. 그런 점에서 본다면 서양은 민주주의 기본이 근대화의 오랜 역사만큼이나 잘 돼 있는 사회라고 할 수 있다. 그 사회를 범본으로 삼아 학습을 해 온 우리 사회는 빠른 기간에 압축 성장을 해 온 만큼 과거 우리가 저지른 폐습은 거기에 상응하는 대가를 치룬 것이라고 자위해 본다. 그러나 지금 이 순간에도 멀쩡한 도로를 파헤치고 새로 까는 모습을 보면서 어딘가 기본이 안 된 우리의 단면을 접하는 것 같아 마음이 무겁다. 기본은 하자! 그렇다면 우리가 던지는 이 구호 아닌 화두는 아직도 유효하지 않겠는가?

〈뷰즈, 2010〉

통, 통, 통, 통, 통(通)하게 하라!

통, 통, 통, 통, 통…….통통배는 통통거리며 가고 탁구공을 던지면 통통대다가 떼구르르르 굴러간다. '통(通)' 하게 하라! 통하는 것은 곧 '커뮤니케이션' 이다. 커뮤니케이션은 우리말로 '소통' 을 의미한다. 소통이 무엇인가? 너와 내가 통하는 것이다. 내가 너와 통하고, 너는 또 네가 아는 다른 누군가와 통하고, 그 사람은 또 누군가와 통하고, 나중에는 모든 사람들이 통하게 된다. 그래서 예로부터 길이 사방팔방으로 뻗어있는 모습을 가리켜 '사통팔달(四通八達)' 이라고 했다. 그것은 지금 내가 서있는 이 지점부터 시작하기 때문에 확산형이다. 반면, 서양 속담에 "모든 길은 로마로 통한다"는 말이 있는데, 그것은 모든 길이 로마로 모여드는 수렴형의 모습을 연상시킨다.

사통팔달은 대우주, 즉 '매크로코즘(macrocosm)' 의 세계다. 겨자씨만한 작은 것이 번성하여 전 세계와 대우주로 뻗어나가는 천지

변화를 의미한다. 광개토대왕이나 몽골의 징기스칸은 이 확산형의 대가들이다. 서양에서는 알렉산더 대왕, 나폴레옹, 마르코 폴로 등등이 여기에 속한다. 반면에 모든 길이 로마로 통하는 수렴형은 '마이크로코즘(microcosm), 즉 소우주를 지향한다. 그것은 미시세계로 나아가는 것을 뜻한다. 분자에서 원자로 쪼개 들어가는 미립자의 세계가 곧 마이크로코즘의 세계다. 그런데 재미있는 것은 대우주로 표상되는 매크로코즘의 세계든, 소우주로 대변되는 마이크로코즘의 세계든 궁극적으로는 끝이 없다는 데 공통점이 있다. 그래서 우주의 끝을 향해 나아가는 매크로코즘의 세계와 작은 미립자의 세계를 지향하는 마이크로코즘의 세계는 어디에선가 만나 궁극적으로 메비우스의 띠처럼 끝없는 순환을 반복하게 된다. 그래서 '궁하면 통한다' 즉 '궁즉통(窮則通)' 인 것이다.

통(通)에서 책받침 변위에 얹힌 한자 '용(甬)' 의 생김새를 잘 보자. 그것은 물이 솟아나는 모양을 형용한 것이다. 분수처럼 물이 위로 솟구치는 형국인데, 커다란 용머리를 앞에 단 큰 배가 힘차게 앞으로 나아가는 모습을 연상시킨다. 물이 솟아나는 배가 물위로 나아간다! 이 얼마나 아이러니한 상황인가. 그렇다면 그것은 배 밑에 뚫린 구멍으로 솟아난 물을 다시 물에게로 돌려보내면서 앞으로 나아가는 것이 아닌가? 즉, 순환이 아닌가? 그렇다면 그것 역시 통하는 것이 아닌가?

글자의 모습을 보고 어떤 이미지를 연상시키는 원동력은 곧 상상력이다. 나는 여기서 '책받침' 변을 보면서 용의 머리를 뱃머리에 단 배가 앞으로 나아가는 모습을 떠올렸다. 왜 그랬을까? 나는 그 이유를 알지 못 한다. 그냥 그렇게 연상이 되었을 뿐이다. 그런데도 그 해석은 그럴 듯 하지 않은가. 이것이 바로 상상의 힘이다. 있는 그대로, 배운 그대로 새기면 멋이 없다. 재미가 없다. 재미가 없으면 세상을 살맛이 나지 않는다. 도대체 재미가 없는 세상을 왜 사는가. 세상만사 재미가 있어야 흥이 나는 법이다. 그림도 재미가 있어야 그리는 것이고, 춤도 재미가 있어야 추는 것이다. 그래야 흥도 난다. 일도 재미가 있으면 흥도 나고 덩달아 성과도 오른다. 그래서 옛날에는 모를 심을 때도 두레패가 따라 다녔다. 그러나 기계가 주인이 된 요즈음에는 흥을 돋우는 두레패가 없다. 세상에 기계에게 흥을 돋우랴. 벼 이앙기나 컨베어 벨트에게 음악을 틀어주랴. 기계가 주인이 되는 세상, 즉 로봇이나 사이보그의 세상에는 흥이 없다. 그것은 얼마나 끔찍한 일인가!

통하는 것은 재미와 흥을 돌려주는 일이다. 어깨춤을 들썩이며 상상하는 일이다. 통하되 있는 그대로 통하지 않고 상상력을 가미하여 다른 것으로 변형시켜 통하는 일, 거기에 사고의 진폭이 있고, 발상의 전환이 따른다. 통(通)하게 하라! 그렇지 않으면 '통(痛)' 한다. 기(氣)가 막히면 체할 것이요, 그러면 아플 것이다. 그러니 무조건 통하게 하라!

〈계간 뷰즈〉

생활 속의 미술, 미술 속의 생활

이른바 전위예술이란 게 있다. 이미 생활 속에 자리 잡고 있는 말 가운데 하나다. “저 사람 지금 전위예술 하고 있는 거 아냐” 라든지 “저건 또 무슨 해프닝이야” 따위와 같은 말들을 일상에서 흔히 듣는다. 주변에서 뭔가 이해하기 힘든 사태를 목격했을 때나 혹은 어떤 사람이 이상한 행동을 할 때, 우리는 이렇게 말하곤 한다. 그러나 막상 전위예술이 뭐냐는 질문을 받는다면 제대로 대답할 수 있는 사람은 흔치 않다. 이는 그만큼 이 용어가 일반화돼 있으면서도 여전히 어렵게 여겨지고 있음을 말해준다.

비단 전위예술이 아니더라도 소위 문학을 한다든지 미술을 하는 예술가들은 뭔가 일반인들과는 다른 세계에 사는 별종 취급을 받는다. 화가하면 으레 베레모를 삐딱하게 쓰고 파이프를 문 모습을 연상하고, 소설가하면 싸구려 술집에서 인생을 논하는 사람쯤으로 여기기 일쑤인 것이다. 술에 취해 밤거리를 헤매면서 기상천외한 행동을 하는 화가들이나, 바닷가에서 낙조나 바라보는 낭만적인 시인들을 예술가라고 나름대로 정의하면서 그들을 자신과는 전혀 다른 부류의 사람들로 취급한다. 이처럼 예술가를 일종의 외경심이 섞인 시선으로 바라보는 사람들이 적지 않다는 사실은 아직도 우리 사회가 그렇게 각박하지만은 않은, 살 가치가 있는 사회임을 말해 준다. 사소한 시비로 파출소에 붙잡혀온 취객이 화가임을 알고 훈방한 어느 순경의 이야기나 가난한 시인에게 공짜 술을 제공한 술집 주모의 일화는 듣는 이의 마음을 훈훈하게 해 준다. 예술가들에 대한 일반인들의 이러한 태도에는 일종의 대리만족이 깃들어 있다. 예술은 아무나 하는 게 아니라는 생각이 은연중 예술가들에게 특권을 부여하는 것인지도 모른다. 그렇게 해서 그러한 재능을 타고나지 못한 자신을 위안하고, 비록 예술가가 되지는 못했지만 그러한 자선 행위를 통하여 보상받고자 하는 심리가 깃들어 있음을 부인할 수 없다.

나의 선친은 농사꾼이었다. 평생을 시골에 묻혀 땅만 파먹고 사신 분이었다. 학교는 근처에도 못 가봤으니 예술을 알리 없었다. 기미년 3.1 독립운동을 열한 살에 겪은 선친이었던 만큼 보수적인 사고의 소유자였음을 어렵지 않게 짐작할 수 있다. 내가 초등학교에 입학하기 전 서울에서 법과대학에 다니던 사촌형은 방학 때면 고향엘 내려왔다. 이야기가 약간 빗나가지만, 모처럼 고향에 내려온 사촌형은 나의 누나에게 서울에서 본 이런 저런 이야기를 들려주곤 했다. 딸부자인 우리 집은 누나가 다섯이나 됐는데 이 무렵엔 모두 출가하고 넷째와 막내누나만 남아 있었다. 그중에서도 나는 유별나게 넷째누나를 따랐다. 지금도 기억나는 것은 사촌형이 말을 썩 잘했다는 것이다. 사촌형은 누나에게 세상 돌아가는 이야기를 청산유수로 들려주었다. 개구리 울음 소리가 요란하게 들리는 텃논 앞에서 사촌형이 쉴 새 없이 이야기하면 누나는 언제나 진지한 표정으로 들어주었다. 사촌형에게 누나는 충실한 청자(聽者)였다.

하루는 사촌형이 무슨 잡지를 보여주며 열심히 뭔가를 설명하고 있었는데, 거기에는 두 눈이 검게 파인 얼굴 사진이 실려 있었다. 사진 속의 얼굴은 형체를 알아볼 수 없을 만치 팅팅 부어있었다. 사촌형이 한 말 가운데 훗날 내가 기억할 수 있었던 유일한 것은 "나쁜 놈들이 눈에 쇠똥을 쳐 넣었다"는 말 뿐이다. 그것이 4.19혁명을 둘러싼 사건 중 하나였음을 내가 알게 된 것은 그 말을 들었던 당시 나의 나이와 철이 들면서 내가 배운 역사적 사건을 연결지으면서였다. 나는 내가 장성했을 때 어렸을 적 본 그 사진이 바로 4.19를 촉발한 김주열의 시신 아니었을까 생각하곤 했다. 마산 부정선거 규탄 데모 때 실종된 김주열의 시신이 바다에서 떠올랐고, 이는 제2의 마산시위에 불을 댕긴 계기가 되었다. 그 뒤 약 일 주일 만에 4.19 시위가 거국적으로 일어났던 것이다. 당시 나의 나이 여섯 살이었다. 흰 피부에 유난히 수염이 많은 사촌형은 구렛나루 수염을 멋지게 기르고 다녔다. 검은 부츠에 승마복을 입고 말을 탄 모습을 찍은 사진을 본 기억도 있다. 커서 사촌형에게 들은 바에 의하면 조카의 그런 행색을 선친은 몹시 못마땅하게 여겼던 것 같다. 아직 유교적인 관습이 남아있는 충청도 시골에서 젊은 조카가 수염을 기른 채 동네를 활보하는 모습이 썩 좋게 보일 리는 만무했던 것이다. 사촌형의 말에 의하면 하루는 작은 아버지가 자신을 부르더란 것이었다. 그리고는 하는 말씀이,

"애, 수염이란 게 그렇다. 늙은이가 수염이 하나도 없는 것만큼 보기에 민망한 경우도 없지만, 젊은 사람이 수염을 기르고 다니는 것처럼 보기에 안 좋은 것도 없느니라."

사촌형이 이 일화를 내게 들려주었을 때 나는 미술대학에 다니고 있었다. 유명한 화가를 꿈꾸던 청운의 미술학도로 나의 패기는 한창 기고만장하던 때였다. 장발에 수염을 기르고 파이프 담배를 피우며 거리를 활보하기도 했다.

방학이 되면 나는 그와 같은 차림새로 고향에 가곤 했다. 동네 어른을 만나면 수염을 기른 얼굴로 인사를 했다. 그런 나를 두고 선친은 쓰다 달다 아무런 말씀도 없었다. 사촌형의 말로 미루어 볼 때 친구 분들 보기에도 여간 민망한 게 아니었을 텐데도 짐짓 모른 척 했던 것이다. 나는 지금도 선친의 그 때 그런 태도가 궁금하다. 당신의 당시 속내는 무엇이었을까. 무엇이 당신으로 하여금 자식의 그런 방자함을 보고도 침묵하게 했을까. 어린 자식에 대한 귀여움? 아니면 혹시 마음속에 품었을지도 모를 예술에 대한 이해? 풍문에라도 들었을지 모를, 예술가들은 다 그런 거야 식의 자포자기?

아마 이런 상상도 가능하지 않을까. 모든 사람에게는 지위의 고하랄지 지식의 많고 적음을 막론하고 예술을 향유할 수 있는 능력을 지니고 있다. 그것은 숨을 쉬거나 물을 마시는 것처럼 본능적인 것이다. 아름다운 것에 대한 찬탄, 사랑하는 사람의 죽음에 대한 비통 따위는 모두 이러한 본능에서 나온다. 누가 시켜서 그렇게 하는 것이 아니라 본능적으로 그런 것이다. 그런 맥락에서 봤을 때 나의 생을 통하여 자주 마주치곤 했던, 동구 밖에 서서 저녁노을을 바라보던 선친의 뒷모습과 자식의 소위 예술가적 행태에 대한 이해의 사이에 어떤 상관관계가 있는 것은 아닐까. 힘든 하루의 노동을 마친 뒤, 저녁상을 물리고 나서 바라보는 저녁노을의 아름다운 광경은 그것 자체가 삶의 위안이 아니었을까. 생존을 유지하기 위하여, 혹은 보다 전문적으로 말해서 사회로부터 소외되지 않기 위하여 하지 않으면 안 되는 노동이 고통스러운 것이라고 한다면, 저녁을 물린 뒤 무심코 바라보던 저녁노을이야말로 일상에서 맛볼 수 있는 유일한 낙이 아니었을까.

아전인수 격인 나의 이러한 해석이야 어떻든지 간에 예술가들에 대한 일반인들의 태도가 대체로 관대한 것만은 분명한 것 같다. 미술선생님은 그가 미술선생님이라는 바로 그 사실 때문에 긴 머리가 용납되고, 음악선생님은 다름 아닌 음악선생님이기 때문에 자디잔 일탈 쯤은 눈감아줘도 괜찮다. 대체로 이런 사고가 지배적이다. 그것을 우리는 멋이라고 불러왔다. 멋을 여유라고 새긴다면, 이들은 여유가 있는 사람들이다. 삶을 살아가는 데, 사회를 구성하는 데 이러한 여유는 없어서는 안 될 소금이라는 인식이 부지불식간에 깔려있는 것이다. 우리는 여기서 예술은 삶과 사회의 필요불가결한 소금이라는 간단한 정의를 만난다. 예술행위를 통하여 사회의 부패를 경고하고 방지하는 소금으로서의 예술과 예술가들, 여기에 예술의 참뜻이 있는 것은 아닐까? 〈1997〉

미운 오리새끼와 청개구리

옛날에 한 청개구리가 살고 있었다. 이 청개구리는 지독히 엄마 청개구리의 말을 듣지 않았다. 동쪽으로 가라면 서쪽으로 가고, 서쪽으로 가라면 동쪽으로 갔다. 이에 상심한 엄마 청개구리는 몸져눕게 돼 마침내 눈을 감기에 이르렀다. 엄마 청개구리는 아들 청개구리를 불러놓고 말했다. "내가 죽거들랑 낮은 지대에 묻도록 해라."

늘 반대로만 행동하는 아들 청개구리의 습성을 생각하고 한 말이었다. 엄마 청개구리가 죽자 아들 청개구리는 이제까지 한 자신의 불효를 깊이 뉘우쳤다. 그래서 이번에는 엄마 청개구리의 말씀대로 하기로 했다. 아들 청개구리는 낮은 지대에 엄마를 장사지냈다. 얼마 후 장마가 지자 엄마 청개구리의 무덤은 세찬 물살에 휩쓸릴 지경에 이르렀다. 그래서 청개구리는 슬피 운다는 것이다.

어렸을 적에 누구나 한 번쯤 들었을 법한 이 청개구리의 우화만큼 전위 예술가들의 속성을 빗댈 수 있는 것은 없다. 우선 이들은 남이 한 것을 따라하길 싫어한다. 물론 전부가 그런 것은 아니지만 될 수 있으면 새로운 것, 남이 안한 것, 신기하고 특이한 것을 하기 좋아한다. 작품도 그렇고 행동도 그렇다. 요즈음의 예술가들은 전문화돼서 겉보기에도 사업가처럼 말쑥하게 다니는 사람이 많지만, 그래도 대개는 뭔가에 얽매이는 것을 싫어하고 자유롭기를 원한다. 예술가들은 천성적으로 자유를 즐기는 사람들이다. 세상에 억압받기를 좋아할 사람이 어디 있을까마는 그중에서도 예술가들은 가장 구속되기를 싫어하는 사람들이다. 군인의 덕목은 명령에의 복종과 엄격한 군율을 지키는 것인데, 이 군인들에게서 예술가가 나오지 않는 것만 봐도 알 수 있다. 물론 그림을 취미로 그리는 군인이야 많겠지만 전문적인 화가가 된 군인은 매우 드물다. 그렇다면 군인의 덕목은 복종과 용기에 있고, 예술가의 덕목은 자유와 창조에 있다, 이런 정의도 나올 법하지 아니한가.

낭만주의 시대 이전 까지만 해도 예술가들은 귀족이나 왕족들에게 빌붙어 빵을 해결하지 않으면 안 되었다. 이른바 후원(patron) 체제인 것이다. 이 체제 아래서 예술가들은 귀족이나 왕족의 주문에 따라 그림이나 조각을 해주고 경제적 지원을 받았다. 그러나 왕정이 무너지고 자본주의가 싹트면서 이런 신화는 점점 깨지기 시작했다. 귀족들의 보호아래 등 따습고 배부르게 지내던 예술가들에게 위기가 닥치기 시작한 것이다.

설상가상으로 이 무렵에는 예술가들의 숫자가 급격히 불어나기 시작했다. 그러니 예술가로 출세하기 위한 경쟁이 점점 치열하게 된 것은 어쩌면 당연한 일이었는지도 모른다. 이젠 더 이상 자신들을 보살펴 줄 사람이 없다는 것을 안 예술가들은 각자 자구책을 마련해야만 했다. 자연스럽게 '튀는' 사람들이 속출하기 시작했다. 모자에 깃털을 꽂거나 화려한 옷으로 장식한 사람, 찢어진 옷에 괴상한 망토를 두른 사람 등 남의 눈길을 끌기 위한 갖가지 아이디어가 등장했다. 사회는 백이면 아흔 아홉명의 효자 청개구리로 구성돼 있다. 이들을 가리켜 대중이라고 부른다. 나머지 한명은 불효한 청개구리다. 남이 안 하는 짓을 찾아다니며 하는 사람, 그를 예술가라고 부르자. 그러나 그에게는 남이 가지 않는 길을 가려는 용기와 창의력이 있다. 세계는 늘 그런 사람들에 의해 바뀌어 왔다. 대중은 그런 그들에게 열광하며 기꺼이 비용을 지불한다. 일종의 대리만족인 것이다. 〈1997〉

나의 고향 지질갱이

나의 고향은 충청도 성환이다. 개구리참외로 잘 알려진 고장이다. 성환이라는 지명이 아리송하면 천안을 떠올리면 된다. 평택을 지나 쭈욱 뻗은 산업도로를 한 10분정도 달리다 보면 왼편에 쌍용주유소가 보이는데, 주유소를 끼고 좌회전해서 1분만 달리면 나타나는 첫 동네가 바로 수향리(水鄕里), 나의 고향이다. 행정구역상으로는 충남 천안시 성환읍 수향리. 속명으로 지족향(知足鄕)이라고도 한다. 쉽게 풀어 얘기하면 '다리가 알아주는 마을' 이다. 비가 오면 어찌나 땅이 진지 '마누라 없이는 살아도 장화 없이는 못 산다는' 동네다. 지금이야 새마을 사업덕분에 동네 깊숙한 골목까지 시멘트 포장이 돼 있지만, 내가 어렸을 적만 해도 정말 장화 없이는 못 살 정도로 땅이 질었다.

지족향이란 이름이 붙게 된 유래가 있다. 옛날, 아주 먼 옛날, 한

판서가 마을 앞으로 지나게 되었는데, 마침 비가 주룩주룩 퍼붓던 참이라 땅이 그야말로 곤죽이었다. 말(馬)이 좀처럼 앞으로 나아가질 못했다. 땅이 어찌나 진지 거짓말 조금 보태서 말의 무릎까지 푹푹 빠졌던 것이다. 한참이나 곤욕을 치룬 판서가 마침 옆을 지나가는 촌로에게 물었다.

"여보, 말 좀 물읍시다. 거 이 동네 이름이 대체 뭐요?"

"수향린뎁쇼."

비록 말은 타고 있었으나 비에 젖은 행색이 초라해 보였던지 촌로는 마뜩잖은 표정으로 이렇게 대거리를 했다.

"수향리라……? 물이 좋은 마을이란 뜻이렸다. 그 보다는 다리가 알아주는 동네라는 게 한결 어울리겠군."

이렇게 해서 얻어 걸린 게 지족향이었던 것이다. 사람들은 언제부턴가 이 한문 투의 이름을 '지질캥이'라고 부르기 시작했다. 지질캥이는 또한 어딘가 지지리도 못나 보이는 사람이나 몸이 튼실치 못한 사람을 가리키는 말이기도 하다. 지금도 이 동네에서는 건강이 안 좋아 비실비실하는 사람을 가리켜 '지질캥이'라고 부르곤 한다.

나도 어렸을 적에는 지질캥이였었나 보다. 지금도 아흔을 눈앞에 바라보는 노모는 가끔씩 과거를 회상하실 때가 있다.

"니가 갓난애였을 적에 내 너를 업고 성환까지 매일 병원엘 댕겼어. 한 번은 겨우겨우 병원을 댕겨왔는데, 또 눈이 까부라진 게 영 살 거 같지 않아 보이지 뭐여. 그래서 냅다 코를 빨아댔지. 그랬더니 한

참 있다가 정신이 돌아왔는지 울지 않겄어. 아이구, 그 때 생각만 하면 시방두 가슴이 철렁하네." 수도 없이 들은 얘기지만, 노모의 이 얘기가 나오기만 하면 처음 듣는다는 듯 나는 귀를 쫑긋한다. "그런 적이 있었어요? 엄마? 세상에...... 그럼 엄마가 저를 살리셨네요?" 팔남매의 막내인 나는 불혹을 넘긴 나이지만 지금도 '엄마' 라고 부르며 어리광을 부린다. 그럴 때 마다 노모는 손뼉을 치며 한참동안이나 깔깔 웃고 나서는, "아이구, 그랬는디 이렇게 커서 애두 났으니, 참 감사하기두 해라" 하는 것이다. 그리곤 찬송가를 부르신다. 어쨌거나 그래서 수향리는 나의 추억어린 고향이 되고 말았다. 내가 태어나고 자란 이 동네의 앞으로는 탁 트인 안성평야가 내다보이고 뒤로는 다시 평야가 이어져 있다. 옆으로는 차령산맥이 뻗어있어 서예로 말하면 굵은 획을 쭈욱 내 뻗는 통에 튄 작은 점 하나가 바로 우리 동네인 셈이다. 송림이 우거진 뒷동산이 꼭 점의 형국을 닮았기 때문이다. 명산이나 좋은 풍광을 지니지는 못했지만 그런대로 시골 내음을 풍기는 곳이다. 얼마 떨어지지 않은 곳에 안성천이 포식을 한 구렁이처럼 느릿느릿 흐르고 있어서 어렸을 적엔 미역도 감고 물고기도 잡던, 유년시절의 추억이 얽히고 설킨 곳이다. 여름이면 참외서리를 하거나 뒷산에서 사슴벌레를 잡기도 했고, 가을이면 들녘에 나가 콩서리를 하느라 시간 가는 줄 몰랐다.

초등학교 3학년 때의 어느 날로 기억된다. 하루는 친구들하고 동네 앞 냇가에서 미역을 감고 있는데, 어디선가 갑자기 유행가 소리가

▲ 필자의 추억이 깃든 참외밭, 지금은 공장이 들어서 황폐해졌다.

들려왔다. 동네 쪽이었다. 보아하니 가설극장에서 들리는 확성기소리였다. 영화가 들어온 것이다. 그 순간 내 가슴은 콩당콩당 뛰기 시작했다. 야! 기다리고 기다리던 영화가 드디어 들어왔구나. 갑자기 신바람이 났다. 옷을 입는 둥 마는 둥 하고 냅다 동네 쪽으로 뛰기 시작했다. 동네가 가까워지자 노랫소리가 뚝 멈추더니 마이크 소리가 들렸다.

"아아, 마이크 시험 중. 아아, 마이크 시험 중......" 카랑카랑한 목소리였다. 이어서 "들려? 들리면 들린다구 그려" 어쩌구 하는 말소리가 들리더니 잠시 후에 귀에 익은 멘트가 흘러나왔다.

"친애하는 성환면민 여러분 안녕하십니까? 여기는 영보영화사 이동선전반 올습니다. 오늘 저녁 여러분께 보여드릴 영화는, 눈물 없이는 볼 수 없는 영화 '마부', 김승호, 황정순 주연의 '마부'를 가지고 오날 저녁 면민 여러분을 모시고자 하오니……"

목소리의 주인공은 때까치였다. 비쩍 마른 데다 눈만 퀭해 보여서 동네처녀들이 때까치라고 별명을 붙인 영사기사였다. 비록 생김새는 오종종하니 타다 남은 보리알처럼 볼품이 없었지만, 때까치는 동네처녀들 사이에서 인기가 높았다. 지금 생각해 보니 그가 그토록 인기가 높았던 까닭은 순전히 초대권을 갖고 있다는 이유 때문이었던 것 같다. 영화는 보고 싶은 데 돈이 없으니 어떻게 해서든 그에게 잘 보여 초대권을 얻어내는 게 동네처녀들의 유일한 관심사였던 것이다.

가설극장은 언제나 초등학교 앞에 세워졌다. 말이 극장이지 서까래를 여나무개 박은 뒤에 광목으로 된 포장을 두르는 것이 고작이었다. 서까래를 박는 일은 잠깐이면 되었다. 어린애 허리쯤 차는 구덩이를 판 뒤에 서까래를 묻으면 되는 것이다.

포장은 날이 어두워져서야 쳤다. 그런데 가끔씩 문제가 생겨 영화사 직원들을 골탕 먹이는 일이 발생하고는 했다. 학교 앞에는 초등학생들을 상대하는 구멍가게 두 집이 도로를 사이에 두고 마주보고 있었다. 위에 있는 조금 큰 가게를 위 가게, 아래에 있는 작은 가게를 아래 가게라고 불렀다. 영화사 사람들은 항상 이 두 집을 이용하여

양 옆으로만 포장을 쳤다. 말하자면 도로의 허리를 자른 형국이었다. 포장도 아끼고 일을 손쉽게 하려고 짜낸 아이디어였는데, 호사다마(好事多魔)라고 이게 늘 영화사 사장의 골치를 썩였다. 골치 거리의 진원지는 늘 두 가지였다. 첫 번째 골치 거리. 위 가게에는 과년한 딸이 있었다. 이름이 순년이었는데, 내 막내누나의 친구였다. 젖가슴이 크고 뚱뚱해서 일명 '뚱띵이' 라고 불렀다. 첫 번째 문제는 바로 이 뚱띵이네 집에서 비롯되었다. 영화는 사방이 어두워져야 비로소 시작하는데, 어두컴컴해질 무렵이면 동네 처녀들이 그녀 집으로 하나 둘 모여들었던 것이다.

방 두 개에 도로 쪽으로 가게가 나있던 그 집에는 뒤쪽으로 문이 하나 나 있었다. 담장이 있을 턱이 없어서 채마밭으로 가면 바로 뒷문을 통해 방안으로 들어갈 수가 있었던 것이다. 하나 둘 꼬이기 시작한 처녀들은 그녀의 방에 모여 수다를 떨다가 영화가 시작되면 유유히 가게 문을 지나 극장 안으로 들어갔다. 나는 누나를 따라 공짜 구경을 즐기곤 했다. 영화사 사장이 이 낌새를 눈치 챈 것은 며칠 뒤였다. 표의 숫자와 관람객의 숫자가 영 맞지를 않았던 것이다. 마침내 사장은 원인을 찾아냈다. 그 다음부터 뒷문에 보초를 세운 것은 너무도 당연한 일. 그 뒤부터 공짜손님은 눈에 띄게 줄어들었다. 두 번째 골치 거리는 어쩌다가 지나가는 트럭이었다. 한참 영화가 상영중인데 갑자기 스크린에 헤드라이트 불빛이 강하게 비추면 트럭이 다가오고 있다는 신호였다. 길은 하나뿐인데 트럭이 다가오니 그렇게 난처한 일이 없었다. 트럭은 포장을 걷으라고 연신 빵빵거리지, 포장을 걷자니 귀찮기도 하거니와 새치기꾼이 기승을 부릴 판이지, 그런 곤욕이 없었다. 그렇다고 무단 점령한 도로를 안 비켜줄 수는 없는 일. 영화사 직원들이 총동원되어 트럭이 지나갈 때까지 포장을 들어올리는 동안(이 때 영화 상영은 물론 중지된다), 재빠른 새치기꾼들이 안으로 뛰어 드는 것이다. 트럭이 들어오면 흙바닥에 빽빽이 들어앉아 영화를 보던 사람들이 일제히 투덜대며 일어나 마치 홍해가 갈라지듯 양쪽으로 좌악 비켜섰다. 지금 생각해도 기억이 삼삼한, 참으로 호랑이 담배피던 시절의 이야기가 아닐 수 없다. 〈1997〉

무엇에 쓰는 물건인고?

내친 김에 한 가지만 더 소개하자. 초등학교 때였으니 얼추 비슷한 시기였으리라 생각한다. 당시 우리 동네에서 얼마 떨어지지 않은 곳에 미군기지촌이 있었다. 지금은 국군에게 부대막사를 인계하고 철수했지만, 40여 년 전 대대병력이 주둔하고 있던 그곳은 그야말로 별천지였다.

우리 학교에는 혼혈아도 있었고, 기지촌에서 다니는 아이들이 제법 많았다. 혼혈아들은 '미국늠, 미국늠' 하고 아이들이 짓궂게 놀려대는 통에 울기도 하고, 가끔씩 패싸움도 하고 그랬다.

기지촌 아이들은 어쩌다 이상한 물건을 학교로 가져오는 적이 있었다. 기다랗고 시뻘건 물건이었는데, 그 아이들은 요상하게 생긴 그것을 한입씩 베어 물고 우적우적 씹어 먹었다. 우리들은 그것을 '말자지' 라고 불렀는데, 그 애들은 '쏘시지' 라고 불렀다.

하루는 산수시간에 열심히 수업을 하고 있는데, 어디선가 키득거리는 소리가 들려왔다. 교실 뒤편이었다. 처음에는 작던 웃음소리가 점점 커지자 칠판에 판서를 하던 담임선생이 무슨 일인가 의아해하며 뒤를 돌아 볼 지경에 이르렀다.

"야 이늠덜아 무슨 일이냐? 김치복! 너 그게 뭐야? 당장 이리 가져오지 못해?" 담임선생은 금방 이상한 낌새를 눈치 채고 뭔가를 황급히 숨기는 김치복을 불렀다.

"베, 벨 거 아닌디유……" 잔뜩 겁먹은 김치복이 엉거주춤 일어서면서 우물댔다.

"아니면(안이면) 거죽이지 이늠아. 당장 이리 못 가져와?"

김치복이 소시지를 한손에 쥐고 밍기적거리며 교단 앞으로 나가는 차에 옆에 있는 한 아이가 외쳤다.

"치복이가 말자지 가져왔대유." 순간, 와르르 하고 교실이 떠나갈 듯이 번지는 아이들의 웃음소리.

"누, 누구여? 시방 말자지라구 그런 늠이……" 부끄러움을 잘 타는 총각 담임선생은 얼굴이 벌개져서 사방을 두리번거렸다.

"병수래요!" 아이들이 키득거리며 일제히 병수를 손가락으로 가리켰다. "이, 이늠. 이 고연늠, 이리 나오지 못해?" 병수가 앞으로 나가 치복이 옆에 나란히 섰다. 어깨를 들썩이는 품이 웃음을 참느라 꽤나 애쓰는 눈치였다.

"그, 그게 뭐여? 어디 이리 내놔 봐."

▲ 초등학교 4학년때 성환목장으로 소풍을 가서 찍은 사진, 맨 오른쪽 서있는 꼬마가 필자.

담임선생이 시뻘건 소시지를 빼어들었다. 한입을 베어 먹었지만 아직도 꽤 길쭉했다. 순간, '와아' 하는 아이들의 웃음소리가 터져 나왔다.

"흐흠, 요게 대체 뭘까? 참말 요상허게 생겨 먹었는디……?"

담임선생도 처음 보는 것인 듯 요상하다는 표정으로 요모조모 뜯어보다가는,

"이거 누가 줬냐?"

하고 약간 장난끼 있는 표정으로 치복이를 보며 물었다.

"있잖아유, 우리 누나가유, 케씨부대 댕기넌디유, 가져왔씨유."

잔뜩 주눅이 들어 있다가 담임선생의 표정을 보고 다소 여유가 생긴 치복이가 수다스레 말했다.

"네 누나가……?"

"야아"

"네 누나가 메쌀인디?"

"수물 하나유."

그러자 잠시 뭔가를 생각하던 담임선생은 느닷없이 이렇게 묻는 것이었다.

"근디, 네 누나는 이쁘냐?"

"얘 누나유? 양갈보래유"

옆에 서있던 병수가 큰 소리로 외쳤다.

"이, 이 자식이 근디……너 증말 쥑인다."

치복이가 꽉 쥔 주먹을 쳐들고 씨근덕거렸다.

"어허, 이늠덜이 근디 보자 보자 하니깐……차렷!"

더 두고 봐서는 안 되겠다는 생각이 들었는지 담임선생이 빽하고 소리를 질렀다. 고함소리에 치복이와 병수가 황급히 차렷 자세를 취했다. 담임선생은, "이늠덜아! 누가 이런 걸 학교에 가져오랬어? 응? 이늠덜아!" 하고는 소시지로 냅다 치복이의 머리통을 갈겼는데, 아아, 그는 참으로 불행하였다. 치복이의 머리통에 부딪혀 중간이 딱

부러진 소시지 토막이 '뿌웅' 하고 날아가더니만, 때마침 교실문을 열고 마악 들어서려던 옆반 김부자선생의 얼굴을 때린 것이다. 김부자선생은 담임선생이 은근히 연정을 품고 있는 처녀였다. 갑작스런 충격에 얼떨떨해진 김부자 선생이 정신을 차려 교실바닥에 떨어진 소시지 토막을 유심히 쳐다보면서 흐들갑스럽게 말했다.

"어머나! 요상하기두 해라. 이선생님, 이게 대체 무엇에 쓰는 물건이래요?" 〈1997〉

그림과 나

내가 맨 처음으로 그림을 그린 때가 언제인지는 또렷하게 기억나지 않는다. 그러나 짐작컨대 본격적으로 사물의 본을 따 그림다운 그림을 그린 것은 대여섯 살 적이 아닌가 한다. 내게는 유년시절에 그린 그림이 지금도 한 점 남아있는데, 초등학교에 들어가기 직전의 작품(?)으로 여겨진다. 그 무렵 추석이면 꼭 동네 청년단에서 연극을 상연했다. 그때 '원술랑' 인가 하는 연극을 보고 칼싸움하는 장면이 어찌나 신났던지 집에 돌아와 졸음도 잊고 그린 그림이 바로 이 것이다. 사진 뒷면의 깨끗한 백지를 이용하여 연필로 그렸다.

초등학교에 입학하자 주변에서 나는 그림을 잘 그리는 아이로 통했다. 책에 나오는 갑옷을 입은 장군이며, 철모를 쓰고 총을 든 군인을 어찌나 흡사하게 그렸던지 친구들이 종이를 가져와서 그림을 그려 달래는 일이 많았다. 그래서 그런지 친구들 사이에서 나의 인기는 매우 높았다.

지금도 눈에 선한 추억은 교내 미술실기대회에서 당당히 1등상을 차지했을 때의 일이다. 1학년부터 6학년까지 전교생이 마을 뒷 동산에 올라 그림을 그렸는데, 나는 소나무가 멋지게 자란 언덕위에서 마을을 굽어보고 풍경화를 그렸다. 그 때 그 그림이 1등상을 받은 것이다. 그림을 그리러 갈 때 우리 반 전체가 열을 지어 걸어갔는데, 천사처럼 예쁜 담임선생님이 내 손을 꼭 잡고 걸어가시던 기억이 지금도 삼삼하다.

나는 정말 닥치는 대로 그림을 그렸다. 형이나 누나들의 공책 뒷면이나 달력, 심지어는 어머니가 아끼는 성경책의 여백에 이르기까지 흰 종이만 보이면 아무데나 그림을 그렸다.

내가 쳐다보기만 해도 마음이 흐뭇한 그림도구를 선물로 받은 것은 시집을 간 셋째 누님에게서였다. 아마 초등학교 3학년 무렵으로 기억된다. 그 때 그 누님은 결혼을 해서 수원에서 큰 가게를 하고 있었는데, 친정에 다니러오는 길에 커다란 스케치북과 붓, 그리고 수채화 물감을 가져왔던 것이다. 뜻밖의 선물을 받은 나는 황홀한 기분에 젖어 그림을 그릴 생각도 잊고 그것들을 쳐다보고 또 쳐다보곤 했다. 그림도구라야 낱장짜리 도화지에 12색 크레용이 전부인 내게 그것들은 너무나도 과분했던 것이다.

크레용과 달리 수채화는 색다른 느낌을 주었다. 수채화는 크레용으로 그린 그림보다 더욱 그럴 듯 했으며, 스스로 생각해 봐도 수채화를 그리는 내 모습이 어른스러워 보였다. 나는 커다란 스케치북에 여러 가지 그림을 그렸다. 주로 상상화였다. 연속방송극의 장면들을 많이 그렸다. 정기룡 장군의 생애를 극화한 연속방송극이 그 당시 매우 인기가 높았는데, 큰 칼을 들고 상투를 튼 장군의 모습을 상상해서 스케치북에 그리곤 했다. 가설극장에서 본 사극의 장면들이 그림을 그리는데 많은 도움이 되었다. 초등학교 시절에 나는 공부를 참 잘했다. 반에서는 물론이고 전체에서도 일등을 도맡아 했다. 6학년 졸업반 때는 전체 수석을 놓치지 않아서 담임선생님은 날더러 서울에 있는 일류중학교에 진학하라고 권고하시곤 했다. 나는 나 자신이 그렇게 공부를 잘 한다고는 생각지 못했고, 또 서울에는 친척이 없었기 때문에 서울로 유학을 간다는 건 생각조차 할 수가 없었다. 그러던 어느 날, 하루는 어머니가 평택에 있는 평택중고등학교의 운동회 구경을 가면서 나를 데리고 갔다. 바로 위의 형이 중학교 2학년에 다니고 있었고, 사촌형이 고등학교 2학년이었다. 그날은 마침 잠자리 떼가 화사하게 핀 코스포스 꽃 주변을 날아다니는 화창한 가을 이었다. 평택을 가려면 버스를 타고 가야했기 때문에 나는 버스를 탄다는 생각에 마음이 들떠 있었다. 학교 교정은 운동회를 하는 학생들과 구경을 온 사람들로 북적이고 있었다. 달리기, 역도, 유도, 축구 등 각종 운동경기와 매스게임, 밴드반의 신나는 음악연주 등으로 운동장은 열광과 환호의 도가니였다. 어머니와 잠시 떨어져 교정을 쏘다니던 나는 '전시회장' 이라고 쓰인 팻말을 보았다. 발길이 나도 모르게 그 쪽으로 향했다. 웅장한 2층 목조건물인 본관 뒤쪽에 별관이 있었다. 고등학교는 종합고등학교였기 때문에 다양한 학과가 있었다. 대학진학이 목적인 보통과와 농과, 공과, 상과, 전기과, 기계과, 그리고 여학생들이 있는 가정과가 있었다. 전시장은 각 과의 학생들이 마련한 전공 관련의 전시회였다. 농과학생들은 실습실에서 기른 작물들을 전시했으며, 전기과 학생들은 자신들이 만든 전축이며 조립 라디오를 전시하고 있었다. 전기과 전시장에는 음악소리가 여기저기서 터져 나오고 있었다. 거기에는 또한 특별활동 부서의 전시회가 있었다. 그 중에서 나의 관심을 끈 것은 미술전시회였다. 중고등학교 미술반 학생들의 작품들이 전시돼 있었다. 수채화, 유화, 동양화 등 다양한 그림들이 많이 걸려있었다. 나는 이제까지 그처럼 멋진 그림들을 본 적이 없었기 때문에 황홀하게 그림을 감상했다. 그것은 정말 충격이었다. 성장하여 많은 작품들을 보았지만 아직도 그 때 본 그 그림들만큼 나에게 인상 깊은 작품들은 없다. 그 때 나는 비로소 하나의 결심을 하게 되었다. 꼭 이 학교에 진학을 하고야 말겠다는 것이 당시 나의 굳은 결심이었다. 그 이듬해에 나는 그 학교의 미술반 학생이 되어있었다. 정말 지금 생각하면 우물 안 개구리에 지나지 않았지만, 그 때 본 그림들은 아련한 향수처럼 나의 기억 속에 남아있다.

〈1997〉

성조기여 영원하라!

80년대 전국을 휩쓴 민주화운동의 열풍 속에서 도마 위에 오른 것 중 하나는 아마도 성조기일 것이다. 성조기는 성난 군중들에 의해 불태워지기도 하고, 짓밟히기도 하는 등 이국땅에서 많은 수난을 당해야 했다. 한 때는 전란후의 구호물자 밀가루 푸대에 찍혀있는 '악수표' 성조기처럼 원조의 상징처럼 여겨지기도 했지만, 지배와 간섭의 표시로 받아들여지기도 했다.

태극기가 우리나라를 상징하는 것처럼 성조기는 미국을 상징한다. 어쩌다 텔레비전에서 바람에 펄럭이는 성조기라도 보면 우리는 곧 자유와 '아메리칸 드림' 의 땅 미국을 머리 속에 떠올린다.

그러나 굴절 많은 현대사를 겪은 우리들에게 미국이 꼭 좋은 이미지만을 주었던 것은 아니다. 거기에는 굴욕이 있고, 가슴앓이가 있으며, 피해의식이 있다. 40대 이상 된 사람들에게는 정도의 차이는 있을지언정 한두 가지씩 불쾌한 기억들이 간직돼 있게 마련이다.

그 점에 있어서는 나 역시 마찬가지다. 어렸을 적 '할로 쪼꼬렛' 을 외쳐본 기억이 어렴풋이 뇌리의 한 구석을 차지하고 있는 것이다. 미군부대에서 흘러나온 미제물건들을 선망했던 기억들과 함께 한편으로는 자존심을 상했던 경험이 지워지지 않는 상흔처럼 뚜렷이 각인돼 있다.

아마 초등학교 4학년 무렵의 일로 기억된다. 더위가 한창 기승을 부리던 여름 어느 날, 친구들 사이에 미군부대가 개방된다는 소문이 떠돌았다. 지금 생각해 보니 '독립기념일' 인 것 같은데, 그 때 아이들은 '미군의 날' 이라고 불렀다. '미군의 날' 이기 때문에 그 날 하루는 한국인들에게 부대가 개방된다는 것이었다. 뿐만 아니라 많은 행사들이 열려 먹을 것도 나눠주고 영화도 상영된다는 소문이었다.

드디어 '미군의 날' 이 돌아왔다. 마침 그날이 일요일이었기 때문에 아침부터 미군부대가 있는 점촌으로 가는 길은 사람들로 가득 차 있었다. 남녀노소 할 것 없이 사람들은 연신 뭐라고 떠들면서 길을 재촉하고 있었다. 점촌에 당도하고 보니 정말 미군부대는 공개되고 있었다. 사람들은 아무 제지도 받지 않고 자유롭게 출입하고 있었다. 한미친선 체육대회가 열렸고, 기관총이며 수류탄 등 무기를 진열한 전시회도 있었다. 사람들은 여기저기 떼 지어서 부대를 휩쓸고 다녔다. 사병식당에 들려 수도꼭지가 달린 우유 통을 통째로 거덜 냈고, 벽에 걸린 나무상자 속에 빼곡 들어찬 시리얼을 순식간에 강탈했다.

시간이 지날수록 부대는 난장판이 돼 갔다. 사람들은 미군사병들이 벌거벗고 목욕하는 목욕탕도 거침없이 지나갔으며, 영화도 상영하지 않는 극장에 진을 치고 30분 이상을 멀거니 앉아 있곤 했다. 콘센트막사 주변에 놓인 쥐약 통을 가져가는 할아버지에 빨래 줄에 걸어놓은 수건을 걷어가는 할머니의 모습도 보였다.

우리들은 점심도 꼬박 굶고 영내를 걷고 또 걸었다. 그러나 먹을 것을 주는 곳은 아무데도 없었다. 배가 고파진 아이들은 야외 PX(매장) 주변에 널린 빈 우유 통을 핥기도 하고, 미군이 먹다 버린 것으로 보이는 레몬조각을 주워 먹기도 했다.

내가 그 장면을 본 것은 바로 야외 PX 근처에서였다. 아이들이 물건을 사는 미군가족들 틈바구니에 섞여 침을 흘리며 쳐다보고 있는데, 어디선가 갑자기 '휘익!' 하는 휘파람 소리가 들려왔다. 고개를 돌려 쳐다보니 미군병사 서너 명이 막사로 통하는 돌계단을 올라가고 있었다. 휘파람소리는 그 중의 누군가가 분 것임에 분명했다.

병사 하나의 손에는 누런 봉투가 들려 있었다. 방금 매점에서 뭔가를 사가지고 가던 참인 듯 했다. 병사는 봉투 속에 손을 넣었다가 뭔가를 한 움큼 집어서는 갑자기 아이들을 향해 홱 뿌렸다. 아이들이 순식간에 모여들어 땅에 흩어진 물건들을 줍기 시작했다. 꼭 비둘기가 모이를 먹는 모습과 흡사했다. 순간 왁자한 미군병사들의 웃음소리가 광장을 가득 메웠다. 땅바닥에 흩어진 것은 검이었다. 캐러멜처럼 생긴 종이에 싼 사각형 모양의 추잉 검이었다. 서너 차례 검을 뿌린 병사는 한동안 검을 줍는 아이들을 굽어보다가 웃음소리를 뒤로 남기고 막사 쪽으로 사라졌다. 나는 검을 줍느라 정신이 없는 아이들의 한 가운데에 선 채 사라져 가는 미군병사들을 노려보았다. 치욕적인 순간이었다. 〈1997〉

일본 이씨

동네사람들 중 그 누구도 그 사람의 이름을 아는 사람은 없었다. 심지어는 그를 머슴으로 고용한 담배집 식구들조차 그의 이름을 모르는 것 같았다. 내가 유년기를 보낸 50년대 중반에서 60년대 초반까지 그는 우리 동네에 살았다. 어렴풋이 기억나는 나의 깜냥으로 그는 당시 40대 중반쯤의 나이였던 것 같다. 늘 흰색 중절모를 쓰고 약간 경상도 사투리를 쓰는 그를 두고 동네 사람들은 '일본이씨' 라고 불렀다. 왜 그렇게 불렀는지는 지금도 모른다. 그냥 사람들은 그를 그렇게 불렀다. 들리는 소문에는 그가 왜정 때 일본 남자와 한국 여자와의 사이에 태어났기 때문이라는 말도 있고, 진짜 오리지날 일본인이라는 소문도 있었지만 그 마저도 그냥 떠도는 소문일 뿐 확인된 사실은 아니었다.

보리타작을 하다가 새참으로 막걸리가 나오면 나이가 한참이나 아래인 동네청년들이 그때까지도 일을 하고 있는 그를 손짓하며 부르곤 했다. “어이, 일본이씨! 일 그만하고 어여와서 한 잔 혀.”

그럴 때 마다 그는 아무소리 없이 다가와 막걸리 사발을 들고 단숨에 쭈욱 들이켰다. 그리고는 아무 일 없다는 듯 다시 하던 일을 계속했다.

어린 내가 보기에도 그는 매우 독특한 데가 있었다. 우선 말이 없었다. 늘 잔잔한 미소를 얼굴에 머금고 이런저런 일거리를 찾아 오로지 일만 했다. 그는 특별히 트고 지내는 친구도 없었다. 어쩌다 시간이 나면 저녁 무렵 동구 밖에 서서 뉘엇뉘엇 지는 해를 물끄러미 쳐다보는 게 유일한 낙이었다. 나는 그런 그의 뒷모습을 바라보며 어딘지 모르게 동네사람들과는 다른 데가 있다고 생각했다.

그러던 어느 날 이었다. 이웃집에 놀러간 나는 대문 앞에서 무슨 일에 골몰하고 있는 그를 발견했다. 그는 찰흙을 가지고 뭔가를 만들고 있었다. 내가 다가가는 것도 모르고 만드는 일에 푹 빠져 있었다. 그것은 꼭 말굽처럼 생긴 무슨 모형이었다. 대야에 물을 떠다놓고 한 손으로 물을 축여 연신 뿌려대면서 낫으로 매끄럽게 다듬고 있었다. 전체적으로는 말굽처럼 생겼으나 구조가 좀 더 오밀조밀했다. 나는 곁에 쪼그리고 앉아 그가 만드는 모습을 유심히 쳐다보았다. 그 때 엄마가 소쿠리를 옆에 끼고 이웃집 안으로 들어가려다가 그 모습을 보았다.

“뭘 그렇게 열심히 만드슈. 일본이씨?”

엄마가 궁금하다는 듯이 물었다.

"아, 이거예?"

일본이씨가 겸연쩍은 표정으로 엄마를 올려다보며 말했다.

"마, 설명을 드려도 모르실 겝니더."

말을 마친 그는 다시 만드는 일에 골몰하기 시작했다.

어쩌다 그가 떠오를 때면 지금도 나는 그가 혹시 발명가가 아니었나 하는 생각이 들 때가 있다. 〈1997〉

선생님, 선생님, 우리 선생님

초등학교 3학년 때의 일이니 벌써 40여 년 전의 일이다. 신학기가 되어 반장을 뽑고 환경정리를 할 때였다. 학급회의에서 내가 반장에 선출되었다. 막상 반장에 뽑히고 보니 가장 신경에 쓰이는 게 역시 환경정리였다. 그 때만하더라도 환경심사를 해서 시상을 할 때였기 때문에 나와 학급간부들은 상을 타려는 욕심에 방과 후에 남아 어떻게 하면 환경정리를 잘할까 회의에 회의를 거듭하였다. 그런데 문제는 비용이었다. 시골형편에 학급비를 걷기도 어려웠기 때문에 비용을 염출하는 문제는 가장 골치 아픈 숙제였다. 그래서 머리를 맞대고 고민한 끝에 내린 결론이 집집마다 다니면서 쌀을 걷는 것이었다. 학급간부들이 다함께 동네를 돌아다니며 쌀을 걷으면 어렵지 않게 해결할 수 있다는 결론에 도달했던 것이다.

우리들은 자루를 들고 방과 후에 급우들 집을 다니며 쌀을 걷기 시작했다. 그러나 생각보다 풍성한 추렴은 힘들었다. 보리가 파릇파릇 자라기 시작하는 삼월은 겨우내 비축했던 쌀이 너나없이 대롱대롱할 때였기 때문에 문전박대를 당하는 집이 적잖았다. 그럭저럭 한 말정도의 쌀이 걷혔다. 우리들은 해가 뉘엿뉘엿 해서야 쌀자루를 메고 담임선생님이 세 들어 있는 김병수네 집으로 돌아왔다. 사십대 중년부인인 담임선생님은 마침 저녁 식사를 준비하는 참인지 국수를 삼고 있었다. 우리들은 우리가 한 일이 스스로 대견해서 자랑스럽게 인사를 했다.

"안녕하세유. 선생님."

"아니, 너희들이 왠일이냐? 이 늦은 저녁에……?"

끓고 있는 솥 안을 주걱으로 휘휘 젓던 선생님이 의아한 눈으로 우리들을 쳐다보며 말했다.

"환경정리할려구 쌀 걷어왔는디유."

부반장인 최영돈이가 상기된 표정으로 말했다.

"뭐라구? 왜 그런 짓을 했어. 나하구 상의도 없이. 이 어려운 때 쌀을 걷다니……"

선생님은 몹시 난감한 기색이었다.

"시골에 쌀밖에 더 있남유?"

미화부장인 한경식이가 멋적은 표정으로 말했다.

"뭐가 어째? 이 녀석아. 니네 엄마들은 내가 그렇게 시킨 줄 아실거 아냐?"

"안 그려유. 지들이 다 설명을 했는디유?"

반장인 내가 얼른 말을 둘러댔다. 사실 그런 말을 한 적은 없었다.

"그래두 그렇잖은거야. 이걸 어쩌누. 다시 되돌려 줄 수도 없고......"

"뭘 가지구 그러신대유? 대체......"

그 때 마침 대문을 열고 들어선 김병수의 엄마가 궁금하다는 듯 다가왔다.

"아이구. 병수어머니. 이놈들이 글쎄 엉뚱한 짓을 했지 뭐에요."

담임선생님이 설명을 했다.

"정말 어쩌쥬?"

병수 엄마도 적잖이 난감한 모양이었다.

"아참, 그렇지."

뭔가를 곰곰이 생각하던 담임선생님이 무릎을 쳤다.

"마침 쌀이 떨어졌으니, 내가 이걸 사면되겠네."

쌀은 그 자리에서 담임선생님한테 팔렸고, 그 돈으로 환경정리를 한 우리들은 교내 환경미화 심사에서 당당히 1등을 했다. 〈1997〉

안양리 냇가의 추억

안양리 냇가는 나의 고향 마을인 지질캥이에서 한 2 킬로미터 정도 떨어진 곳에 있다. 차령산맥에서 발원한 안성천이 서해로 빠져들기 전에 피곤한 몸을 잠시 쉬는 듯한 형국이다. 지리학에서는 이를 가리켜 전문용어로 사행천(蛇行川:meander)이라고 한다던가. 문자 그대로 뱀이 느릿느릿 기어가는 듯한 모양을 하고 있다. 물살이 센 곳은 바닥이 깊게 패여 각종 물고기가 서식하고 수초가 만드는 그늘이 있어 물이 서늘하지만, 그 반대편은 깨끗한 모래위로 따스하고 맑은 물이 잔잔하게 흐른다. 맑은 물 속에 두 발을 담그고 서서 들여다보고 있자면 각종 물고기들이 떼를 지어 다니는 모습이 그렇게 정겨울 수가 없다. 붕어, 송사리, 피라미, 불거지, 실뱀장어, 모래무지, 물방개 등이 어울려 정겹게 헤엄을 친다.

초등학교 시절, 안양리 냇가는 우리들의 유일한 수영장이었고, 놀이터였으며, 자연관찰을 위한 학습장이었다. 여름이 돌아오면 우리들은 어김없이 그곳으로 달려가 땡볕이 내려쬐는 한여름의 더위를 식히곤 했다. 우리들은 참외를 공삼아 수구(水球)를 하다가 그것도 시들해지면 열심히 물고기를 잡았다. 맨손으로 움켜잡거나 그물로 잡았다.

안양리에 사는 친구들은 물고기에 관한 한 모르는 것이 없었다. 우리들은 그 동네 아이들을 어부라고 불렀다. 그 아이들은 물고기의 종류에 따라 고기를 잡는 방법이 서로 다르다는 것을 알고 있었다. 뱀장어, 모래무지, 가물치, 송사리 등 물고기의 생태를 이용한 방법이었다. 우리들은 그 아이들을 통해 물고기 잡는 방법을 터득했다. 그 방법을 여기에 소개하면 다음과 같다.

1) 송사리

송사리를 잡는 가장 손쉬운 방법은 얼개미를 이용한 '올려받침'이다. 송사리는 낮은 곳에서 높은 곳으로 헤엄쳐 올라가는 습성이 있는데, 올려받침은 그런 송사리의 생리를 이용한 것이다.

먼저 물이 적당한 속도로 흐르는 도랑의 중간을 막는다. 도랑은 떼를 떠 얼개미가 들어갈 부분만을 남겨놓고 막아야 하니까 직경이 약 1미터 이내의 것이면 적당하다. 얼개미를 고정시킬 수 있을 정도로 흙을 쌓은 다음 물이 잘 흐르도록 매끄럽게 미끄럼틀을 만든다. 미끄럼틀 뒤에 얼개미를 45도 정도의 기울기로 비스듬히 놓는다. 물은 미끄럼틀 위로 손가락 굵기가 되게 흐르도록 하는 것이 좋다. 잠시 후면 송사리들이 뛰어오르는 모습을 볼 수 있으나 사람이 있으면 방해가 되니까 되도록 자리를 비키는 것이 좋다. 한 10분정도 지나면 얼개미의 뒤쪽에서 살며시 접근해 얼개미를 들어올린다. 수십 마리의 싱싱한 송사리들이 얼개미 속에서 파득거리는데, 손으로 그러모아 그릇에 담으면 된다. 한 20여 차례 반복하면 대야에 하나 가득 잡을 수 있다.

2) 뱀장어 잡기

뱀장어는 피부가 미끈거리기 때문에 잡기가 여간 힘들지 않다. 그래서 보통 끝이 뾰족한 갈퀴로 진흙 밭을 서서히 끌어 걸리는 놈을 잡는데, 이 방법은 보통 웅덩이를 품어 바닥이 드러났을 때 아니면 쓰지 않는다. 손으로 뱀장어를 움켜잡는 방법은 중지 사이에 뱀장어를 끼워 힘을 주는 것이다. 그러면 뱀장어의 몸이 'ㄷ'자 형태가 돼제 아무리 미끈거리는 놈이라도 빠져나가기 힘들다. 일단 손에 걸린 뱀장어는 땅바닥에다 내동댕이를 쳐서 기절시킨다. 그 다음에는 온몸에 모래를 묻혀 다루기 편하게 만들고 지느러미를 아가미 사이로 넣어 힘을 주어 잡아당긴다. 그러면 아가미 부분이 찢어지는데, 그때 힘을 주어 껍질을 벗기면 된다.

3) 메기와 가물치 잡기

냇가에서 메기와 가물치를 잡는 맛은 최고다. 메기와 가물치는 민물고기 중에서도 왕 중의 왕이다. 그래서 어쩌다 팔뚝만한 메기나 가물치를 잡은 아이는 그 기쁨을 식구들에게 알리려고 집을 향해 냅다 달린다.

메기와 가물치는 대개 그물로 잡거나 손으로 움키지만, 컴컴한 밤중에 횃불을 이용하여 잡는다. 아이들 몇 명이서 한 사람은 횃불을 들고, 또 한 사람은 커다란 양동이를 든다. 메기나 가물치는 횃불을 보면 얕은 수면으로 나온다. 얕은 곳으로 나온 이 놈들은 지그재그로 헤엄을 치는데, 이때 커다란 톱의 등으로 후려치면 기절을 하고 쭉 뻗어버린다. 뻗은 놈을 그냥 양동이에 주워 담으면 된다.

4) 모래무지 잡기

모래무지는 살이 통통한 게 구워 먹으면 여간 맛이 있지 않다. 이 놈은 맑은 물이 흐르는 냇가의 모래 속에 몸을 숨기고 있다. 모래 위를 발로 지그재그 식으로 밟으면 발바닥 밑에서 뭔가 꿈틀하는 감각이 느껴진다. 이때 발을 떼지 말고 발밑으로 손가락을 집어넣으면 실팍하게 살이 오른 모래무지가 잡힌다. 한 두 세 시간 작업을 하면 40-50 마리는 너끈히 잡는다.

5) 미꾸라지 잡기

여름 철, 보신탕에 못지않은 보양식이 바로 추어탕이다. 지금은 이 미꾸라지마저도 양식을 하지만 60년대 초만 하더라도 장마철이면 지천에 널린 게 미꾸라지였다. 그래서 사람은 안 먹고 주로 닭이 먹었다. 미꾸라지는 논에 많이 서식한다. 장마철, 장대같은 비가 쏟아지고 나면 얼개미나 그물을 들고 논으로 나간다. 위 논에서 아래 논을 향해 시뻘건 물이 쏟아지는 물꼬에 그물을 대고 발로 몰면 한 번에 한 사발씩 미꾸라지들이 나온다. 한 스무 번 반복하면 한 양동이 가득 잡는 것은 일도 아니다. 〈1997〉

뱀, 깃대, 보초

기다랗게 생긴 잎사귀들이 부딪치며 '쇄아' 하고 비명소리를 지르는 수수밭 길을 지나 언덕을 올라서면 그 집이 보였다. "왱, 왱, 왱, 왱……." 어린 나는 처음에 그게 무슨 소린지 몰랐다. 꼭 개구리 울음 소리 같기도 했고, 한 여름날 날파리 떼가 극성스럽게 날 때 나는 소리 같기도 했다.

그게 서생들이 글을 읽는 소리라는 사실을 안 것은 작은 집 사촌형을 따라 그 집에 간 어느 날이었다. 그곳은 서당이었다. 그러니까 그 왱왱거리던 소리는 다름 아닌 서생들이 목청을 돋워 "공자 왈, 맹자 왈……."할 때 나는 소리였던 것이다. 그런데 왜 그 소리가 어린 내게는 유독 개구리 울음 소리처럼 들렸을까.

사촌형은 고사리 같은 내 손을 잡고 서당으로 갔다. 서당에는 평상만한 작은 툇마루가 있었는데, 그 위에서 몇 사람이 쭈그리고 앉아 글을 쓰고 있었다. 작은 붓으로 한지 위에 한문을 정성스레 베껴 쓰는 모습이 무척이나 단아해 보였다. 사촌형은 부러운 듯이 그 모습을 정신없이 바라보고 있었다. 중학교를 마치고 가정 형편상 고등학교에 진학을 하지 못한 사촌형은 책벌레였다. 집에 있는 책은 물론 동네에 있는 좋은 책은 닥치는 대로 빌려다 읽었다. 사촌형은 밭일을 가거나 할 때 나를 자주 데리고 다녔다. 그는 일도 잘 했다. 밭두렁에 수북이 자란 긴 풀을 낫으로 척척 깎다가 목이 마르면 옥수수 밭으로 들어가 굵직한 놈으로 골라 단번에 베어 나에게 주었다. 그러면 나는 입으로 껍질을 죽죽 까서 그 안에 든 흰 알맹이를 한입 가득 물고 씹었다. 그 때 잇 사이로 단 물이 죽죽 빠져 나오는 옥수수 대의 달콤한 맛이라니!

마을 입구에 서당이 있는 그 동네의 이름은 '잠실' 이었다. 우리 동네 사람들은 그 동네를 가리켜 '자무실' 이라고 불렀다. 나는 커서야 잠실이 누에치기와 관련이 있다는 것을 알았다. 그래서 그런지 그 동네 주변에는 유독 뽕나무가 많았다.

그러던 어느 날, 초등학교 일학년인 나는 어머니를 따라 들에 갔다. 우리 밭은 그 동네에서 얼마 떨어지지 않은 곳에 있었다. 어머니가 일하는 동안 나는 숲을 이리저리 뒤지며 돌아다녔다. 새 집을 찾고 풀무치도 잡는 재미가 제법 쏠쏠했기 때문이다. 한참이나 덤불을 헤치며 돌아다니던 나는 순간 소스라치게 놀랐다. 바로 코앞에 한 이십 여 마리는 족히 돼 보이는 뱀들이 서로 뒤엉켜 있었다. 발로만 듣던 떼 뱀이었다. 그런데 더욱 이상한 것은 그 옆에 누군가가 버린 작은 깃발들이었다. 북채 같이 작고 둥근 깃봉이 달려있는 깃대에는 손가락 두 개 정도 되는 너비에 길이가 한 20센티쯤 되는 깃발이 달려있었는데, 거기에는 한문으로 뭔가가 길게 써 있었다. 어림짐작으로 봐도 깃발은 한 이십여 개 정도 돼 보였다. 굿을 하고 버린 것인 듯 그것들은 매우 꺼림칙했다. 순간, 나는 거기서 얼른 눈길을 돌려 앞을 쳐다봤다. 그 때, 내가 서있는 언덕 저 멀리, 그러니까 밭고랑들이 이어진 저 건너편에서 총을 어깨에 멘 보초가 나를 똑바로 바라보고 있지 않은가. 나는 울음을 터트리며 어머니를 향해 뛰기 시작했는데, 순간 내 머리 속에는 뱀, 깃대, 보초의 이미지가 서로 겹치면서 강렬한 두려움이 엄습했다. 〈2009〉

뽀삐 만세

작년 여름, 나는 모처럼 국내의 이곳저곳을 여행할 기회를 가졌다. 여름휴가를 맞아 온 가족이 함께 길을 떠난 것이다. 8박 9일의 꽤나 긴 일정이었는데, 나와 아내, 초등학교 4학년짜리 아들 재린이, 그리고 '뽀삐' 라고 재린이가 이름을 지어 준 강아지를 포함해 네 식구가 다같이 갔다. 여행의 일정은 그동안 아내가 여기저기서 스크랩을 해 둔 신문기사와 관광책자를 바탕으로 가족이 상의하여 짰다.

맨 처음 들른 곳은 충남의 당진. 이 곳은 백화점 고객관리과에 근무하는 조백현 대리의 고향이기도 한데, 마침 고객관리과의 단합대회 겸 하계 휴양 차 바다낚시를 하게 돼 있어서 우리 가족도 이들과 합류하게 된 것이다. 가는 날이 장날이라고, 낚시는 수심 10미터 정도의 바다 밑에 낚싯대를 드리우고 손가락의 감각에 의존하여 낚아채는 원시적인 방법이었지만, 고기들이 잘 물었으므로 우리들은 즐겁게 하루를 보낼 수 있었다.

직원들과 헤어진 후, 비로소 우리 가족만의 여행이 시작되었다. 그런데 여기서 미리 밝혀둘 것은 내가 운전을 할 줄 모른다는 사실이다. 그래서 우리 가족이 여행이라도 할라치면 연약한 아내에게 의존하지 않을 수 없었다. 아내의 운전솜씨는 문외한인 내가 봐도 수준급이기 때문에 나는 면허증 취득을 바쁘다는 핑계로 차일피일 미루고 있던 터였다. 아니, 솔직히 이야기하자면 마음속으로 이미 포기한 것인지도 모르겠다. 몇 해 전에 운전학원에서 가벼운 충돌사고를 겪은 이후로 나는 운전에 대한 매력을 잃었고, 지금도 필기시험만 합격해 놓고 있는 상태다.

8박9일 동안 아내가 운전한 거리는 무려 이천 킬로미터. 이를 환산하면 물경 오천 리나 된다. 당진에서 길을 떠난 뒤 우리는 부여와 익산, 그리고 논산을 거쳐 광주의 소쇄원, 운주사, 내장산을 돌아보고 영암의 월출산 도선사에 들렀다. 거기서 다시 진도엘 갔다가 해남의 백양사와 다산 정약용 선생이 은거하며 저술과 사색에 몰두했던 다산초당을 돌아보고 보성 근처의 읍성마을, 다시 컴컴한 야밤에 한적한 바닷가 고성군 하일면으로 향했다. 주라기 때 공룡의 서식지이기도 한 고성군 하일면은 조각가 임형준 교수의 작업실이 있는 곳, 산자수명한 바닷가의 풍취를 즐긴 뒤 이튿날 우리 가족은 임교수와 고성 거주 작가인 이종두 씨의 안내로 고성의 신라고찰 안정사를 돌아 본 뒤 들이붓다시피 쏟아지는 빗속을 뚫고 거제도를 둘러보았다.

고성을 뒤로 하고 우리는 진주를 거쳐 지리산으로 진로를 잡았다. 먼젓번 여행이 구례 쪽에서 본 지리산이었다면, 이번에는 정반대의 방향에서 접근하는 노선을 택하자는 게 애당초 우리의 계획이었던 것이다. 지리산의 대원사와 불편한 길을 물어물어 찾아간 청학동, 그리고 이미 관광지로 전락해 버린 청학동에 대한 불유쾌한 인상, 반면에 우연히 들른 삼성궁의 신비스런 느낌은 하나의 충격이라고 표현해도 좋을 만큼 감동적이었다. 경내의 돌탑들은 외경감이 들 정도로 신비스러움과 조형적 아름다움을 지니고 있었다.

삼성궁을 뒤로 한 우리 가족은 차창 밖으로 펼쳐지는 지리산의 장엄한 자태를 즐기며 화개장과 쌍계사를 거쳐 귀경 길에 올랐는데, 이제까지 주마간산 식으로 펼쳐놓은 우리 가족의 행장기가 이 글에서 하고 싶은 본론이 아님을 밝혀두고자 한다.

이 글의 주인공은 나의 아내와 불쌍한 우리 집 강아지 뽀삐다. 앞서 열거했듯이 우리가 여행 중에 들른 곳은 소소한 곳을 빼고도 이십여 군데가 넘는데, 그것은 나의 과욕과 아내의 필사적인 노력이 합작해 난 결과였다.

본 이야기를 풀어나가기에 앞서 한 가지 밝혀두고 싶은 것은 긴 여행의 일정과 강행군 탓으로 귀경 길의 아내는 몹시 지쳐 있었다는 사실이다. 여행의 마지막 날, 채 피로가 풀리지 않은 상태에서 운전대를 잡은 아내는 앞서 말한 대로 지리산의 이곳저곳을 들르고 어둑어둑해질 때쯤 구례에서 전주 간 국도를 거쳐 경부선 고속도로를 타기 시작했다. 우리들의 자그마한 액셀 스리도어 승용차 속은 가는 데마다 주워 실은 기왓장 파편들과 돌, 담양에서 산 죽부인, 기타 여러 가지 잡동사니들이 뒤섞여 가관을 이루고 있었다.

우리는 모두 지쳐 있었다. 특히 아내는 쏟아지는 피로를 못 이겨 운전을 몹시 힘겨워하는 표정이 역력했다. 마침내 보다 못한 내가 잠시 쉬어갈 것을 제안했고, 아내는 여기서 쉬면 못 일어날 것 같으니까 그냥 가겠다고 고집을 부렸다. 차가 서울에 가까운 어느 휴게소 앞에 멈춘 것은 나의 완강한 주장 때문이었다. 우리 가족은 비로소 차에서 내려 커피도 마시고 화장실에도 다녀왔다.

집에 도착한 때는 밤 12시. 우리는 무사히 도착했다는 안도감과 함께 부슬부슬 내리는 빗속에 짐을 옮기고 대충 쓰러져서 자려던 참이었는데, 아들 녀석이 갑자기 외쳤다. 아빠, 뽀삐!

빌어먹을, 강아지가 안 보이는 것이었다. 그 때 문득 떠오른 것이 휴게소. 오호, 미치겠구나. 이 야밤에! 이 피로감에! 나는 볼품없이 아들 녀석에게 버럭 소리를 질렀다. 야, 너는 차 떠날 때 왜 확인을 안 했냐.

바로 그때 누워있던 아내가 옷을 주섬주섬 꿰기 시작하면서 차분하게 말했다. 미우나 고우나 정든 한 식군데 가서 확인이라도 해 봐야지........

아내는 다시 핸들을 잡았다. 잠실에서 경부선 고속도로.......아내의 눈에서 하염없이 쏟아지는 눈물을 훔쳐보면서 나는 뽀삐를 떠 올렸다. 근수가 적어 보신탕감도 못 되는 그놈은 아래턱이 유난히 짧은 기형이었다. 물을 마시면 물이 턱 아래로 흘러나왔다. 그래서 더욱 측은해 보였지만 우리에게는 매우 충직했다. 우리는 그런 그놈을 사랑했다. 그런데 난처한 것은 어느 휴게소였는지 도무지 생각이 나질 않는 것이었다. 천안은 분명히 지났는데 안성인지 죽암인지가 분명치 않았다. 그때 퍼뜩 떠오르는 생각, 그래 안성이 분명해. 죽암에서 또 쉬면 완전히 떨어질 것 같다고 당신이 그래서 지나쳤었지.

평택 톨게이트를 빠져나와 상행선으로 접어들었다. 드디어 문제의 안성휴게소. 차들이 많이 빠져나가 광장은 썰렁했다. 그 어느 곳에도 뽀삐는 보이질 않았다. 우리는 마침 일하고 있는 인부들에게 하얀 강아지 한 마리를 봤느냐고 물어보았다. 방금 전까지만 해도 있었다는 대답이었다. 늙수그레한 인부 한 사람이 말했다. 글쎄, 그 놈이 아무리 불러도 통 가까이 오질 않아요. 우리는 이름을 불러대기 시작했다. 뽀삐야! 뽀삐야!

그때 우리는 보았다. 휴게소 건물 뒤편, 후미진 수풀더미에서 툭 튀어나오는 그 놈을 말이다. 이어지는 우리의 감동적인 상봉, 녀석은 얼마나 서운하고 또 한편으로 반가웠는지 바닥에 온 몸을 던져 떼굴떼굴 구르는 것이 아닌가. 나중에 알았지만 그 놈은 우리를 찾아 무척 헤맸던가 보다. 커피 파는 아가씨가 이렇게 말할 정도였으니까. 그 개가 아저씨네 개예요? 어쩜 아무리 꼬셔도 가까이 오질 않더라구요, 글쎄.

우리는 집으로 돌아왔고, 상황이 종료된 시각은 새벽 두 시. 우리는 속으로 이렇게 외쳤다. 똥개 뽀삐 만세! 〈월간 현대, 1992〉

▲ 뽀삐를 그린 필자의 드로잉

선화

수업시간이면 항상 맨 앞자리에 앉아 눈을 동그랗게 뜨고 집중해서 강의를 듣는 여학생이 있었다. 이름이 선화였다. 한국화를 전공하는 그녀는 어느 날 수업이 끝나자 내게 다가오더니 졸업을 하면 미술이론 공부를 하고 싶다고 말했다.

"무슨 이론?"

"그냥, 뭐 미술사나 미학 같은 거......"

그녀는 말끝을 흐렸다.

"그런데 에이, 아직은 모르겠어요."

그랬는데, 시간이 한참이나 흐른 어느 날, 일본에서 편지가 왔다. 선화였다.

편지에는 그 동안의 사정이 적혀 있었다. 졸업을 하고 일본으로 건너가 약 일년간에 걸쳐 일본어를 배우고 나서 교토의 한 대학원에 진학을 하게 되었다는 것, 지금은 벽화를 수복하는 공부를 열심히 하고 있다는 것, 공부가 너무 재미있어서 시간 가는 줄 모르겠다는 것 등등.

나는 내친 김에 열심히 공부하여 박사과정을 마치는 것이 좋겠다고 메일을 보냈다. 마침 국내에도 벽화수복과 관련된 학과가 개설된 곳이 있으니 학위를 받고 돌아오면 강의를 할 수 있을 것이라는 말도 빼놓지 않았다.

선화는 가끔씩 편지를 보냈다. 메일보다는 편지쓰기를 더 좋아했다. 편지와 함께 간단한 선물도 곁들였다. 스승의 날 선생님의 은혜에 감사한다면서 일본과자가 담긴 상자 하나, 가을 날 단풍을 보니 선생님 생각이 난다면서 양말 한 켤레, 작품이 실렸다면서 교지 한 권을 보내왔다.

선화의 편지는 일년에 두서너 번 정도 왔다. 고향에 가고 싶은 마음은 굴뚝같지만 사정이 여의치 못해 추석을 타국에서 보내니 마음이 쓸쓸하다는 말도 했다. 한 편지에는 드디어 박사과정에 입학했다는 반가운 소식이 적혀 있었다.

몇 번이나 온다온다 하던 선화가 정말 나의 연구실을 찾아온 것은 3년 전인 어느 날이었다. 낙엽이 을씨년스럽게 교정에 흩날리던 늦가을 어느 날, 그녀가 불쑥 나의 연구실 안으로 들어왔던 것이다. 연구실 문을 반쯤 열어놓는 것은 나의 오래된 습관이다.

몇 년 만에 본 선화의 얼굴은 약간 지쳐보였다. 그러고 보니 나이도 어느덧 서른에 가까운 것 같았다. 청순함을 잃지는 않았지만, 아무튼 앳된 옛날의 모습은 아니었다. 우리는 그 동안 쌓인 이런저런 이야기를 두서없이 나누었다. 한 한 시간 정도의 시간이 흘렀을까, 저녁을 먹고 가라는 나의 권유도 아랑곳없이 그녀는 어머니가 기다리신다면서 서둘러 연구실을 나섰다.

그 뒤로 한 두서너 번 정도 선화는 편지를 보냈던 것 같다. 그리고는 지금까지 소식이 없다. 선화에게 무슨 일이 일어난 것일까. 낙엽이 지는 모습을 유리창 너머로 바라보자니 문득 그녀의 얼굴이 떠오른다. 나이도 이젠 어느덧 삼십대 중반에 접어들었을 텐데......

필자주(註) : 선화는 그로부터 두 해 뒤에 교토예술대학에서 박사학위를 받았으며, 2009년에 통도사 성보박물관에서 초대전을 가졌다. 지금은 일본에서 고미술 수복 일을 하고 있다.

▲ 통도사 성보박물관에서 열린 선화의 개인전 장면

깡통론

'신' 이라는 낱말을 국어사전에서 찾아보면 '발에 신고 걷는데 쓰는 물건' 으로 나와 있다. 이 풀이가 바로 신의 개념에 해당하는 것일진대, 그렇다면 고무신, 장화, 슬리퍼, 뾰족 구두, 단화, 운동화, 농구화 등속은 모두 용도나 기능, 또는 모양새에 따라 붙여진 이름에 지나지 않는다. 그런데 이처럼 다양한 신들에게서 보이는 공통적인 특징을 찾자면 역시 '발에 신고 걷는데 쓰는 물건' 이란 앞서의 정의로 되돌아간다.

그렇다면 이번에는 이들 가운데 '깡통' 을 추가해서 다시 한번 나열해 보면 어떨까? 이를테면 고무신, 장화, 슬리퍼, 뾰족구두, 깡통......하는 식으로. 아마 모르긴 해도 깡통이 어디 신이냐고 모두 아우성을 칠 것이다. 한 술 더 떠서 만약 어느 재벌 기업의 입사 시험에 다음과 같은 문제가 출제되었다고 가정해보자.

문제1. 다음 중 신발에 해당하지 않는 것을 고르시오.

①장화 ②운동화 ③깡통 ④뾰족구두

결과는 뻔하다. 과학적 사고에 길들여진 소의 명문 대학의 엘리트들은 백이면 백 모두 ③번에 동그라미를 칠 것임은 물으나 마나한 사실이기 때문이다. 그리고는 속으로 쾌재를 부르면서 이것도 문제라고 냈냐며 한심한 출제자에 대해 조소와 연민을 금치 못할 것이다.

그러나 만일 내가 재벌 기업의 총수라면 이 자리를 빌려 단언하건대, ③번에 표시를 한 수험생은 모조리 미역국을 먹일 것이다. 왜냐하면 합리적인 사고의 소유자는 회사에 입사하여 업무 처리는 꼼꼼하고 빈틈없이 해낼지 모르지만, 사물이나 사건을 다른 각도에서 파악하는데 서툴고 유머와 재치, 창의력과 상상력이 부족한 경향이 농후하기 때문이다.

내가 이처럼 엉뚱한 생각을 하게 된 것은 순전히 올해 여섯 살 난 아들 녀석 덕분이다. 재작년인가, 이 애를 데리고 옆 동에 사는 후배의 아파트에 놀러간 적이 있었는데, 현관 밖에서 쿵쾅거리는 소리가 요란하여 문을 열어보니 아, 글쎄 이 녀석이 한 쪽 발에는 운동화를, 다른 쪽 발에는 빈 분유 깡통을 신고 온통 난리를 치고 있는 게 아닌가? 하도 어이가 없어서 그게 뭐하는 짓이냐니까 녀석의 대답이 걸작이다.

“으응, 이건 내 신발이야.”

내 생각으로는 녀석의 이 대답은 일종의 도의 경지에 도달한 듯(?) 싶은데, 옛날에 혜가라는 사람이 있어 도를 깨닫지 못하여 조바심하던 차에 달마를 만나 "도가 무엇이오니까?"하고 물으니, "마른 똥작대기니라"라고 했다던가.

이야기가 다소 빗나간 듯싶은데 내친 김에 조금 만 더 하자. 앞서 예를 든 총명하고 똑똑한 엘리트들이 너나없이 ③번에 동그라미를 치게 만든 원인은 두 말할 나위 없이 이 땅의 교육 제도에 있지만, 그 책임 중 일부는 우리의 어머니들에게도 돌아간다는 사실을 염두에 두면서, 우리는 오늘날 소위 예능 교육이란 것에 대해 새삼 반성해 보아야만 하리라.

아이가 지닌 소질이나 적성은 무시한 채, 옆집 은숙이가 가고 뒷집 두환이가 다니니까 무조건 크레파스 쥐어주고 바이엘 교본 담긴 가방 들려서 미술학원이다, 피아노 교습이다 하고 아이를 혹사시키는 것이 우리의 모습이 아닐런지……

감독의 이름은 잊었지만, 얼마 전에 '벽(The Wall)' 이라는 영화를 본 적이 있는데, 거기에 다음과 같은 장면이 나온다.

장소는 영국의 어느 초등학교. 막 수업을 끝낸 수백 명의 학생들이 4열종대로 열을 지어 어디론가 가고 있다. 이윽고 도착한 곳은 거대한 소시지 공장. 아이들의 얼굴 모습은 눈, 코가 문들어지고 입만 크게 확대한 기묘한 형상인데, 한결같이 무엇엔가 반항이라도 하듯 악을 쓴다.

잠시 후 아이들이 컨베어 벨트 위에 실려가 떨어진 곳은 커다란 교반기 속. 거기서 무자비하게 반죽이 된 아이들이 소시지가 되어 나오는 것이다! 이른바 획일화된 사고 유형의 인간을 제조하는 현대 교육의 폐해에 대한 기발한 풍자라고나 할까?

내 생각으로는 예술가들이란, 상식을 지닌 사람들이 "깡통은 신발이 아니다"라고 주장하는데 반해서, 신발이라고 믿는 자들이다. 왜냐하면, 어린이와 예술가는 다 함께 상상의 세계 속에 사니까.

〈여원, 1988. 9월호〉

변화의 와중에서

H형께

지루하기만 하던 장마가 가시는가 싶더니 어느새 가을이 성큼 다가왔습니다. 차창 밖으로 보이는 김제평야의 탁 트인 들녘은 보기만 해도 시원한 느낌이 듭니다. 이젠 아침저녁으로 제법 선선하여 가을이 코앞에 다가왔음을 실감하게 되는데, 점점 누런빛으로 변해가는 들녘을 보니 그 와중에도 가을은 어김없이 찾아왔구나 하는 생각이 드는군요. 방금 저는 '그 와중에도' 라는 표현을 썼습니다만, 정말 요즘 세상 돌아가는 모습이 이 말에 썩 어울린다는 생각이 듭니다.

혹시나 싶어 국어사전을 뒤적였더니, 사전은 이 낱말을 다음과 같이 풀이하고 있습니다. 와중(渦中): 명 ①소용돌이치며 물이 흘러가는 가운데 ②분란(紛亂)한 사건의 가운데

이 뜻풀이를 보면서 저는 무릎을 쳤습니다. 기막히군, 기막혀. 어

쩌면 이렇게도 요즘 세상 돌아가는 모습과 똑같을 수가!

외국에 계신 H형은 겪어보지 않아서 실감을 못하셨겠지만, 올 여름의 홍수는 정말 대단한 것이었습니다. 신문이며 방송이 연일 홍수에 관한 보도로 날을 지샜고, 수재민을 돕기 위한 국민들의 성금 행렬이 줄을 이었습니다. 앞의 뜻풀이 그대로 '소용돌이치며 물이 흘러가는 가운데' 사람이며 가축들이 둥둥 떠내려가는 모습을 속절없이 지켜볼 수밖에 없었으니까요. 홍수는 그렇다 치고 사회는 또 어땠습니까? IMF로 인한 기업의 구조조정은 급기야 감원으로 인한 대량 실직사태를 가져왔습니다. 작년 이맘때만 해도 대부분의 사람들은 사태가 이 지경까지 되리라고는 정말 상상조차 못했을 것입니다. TV는 연일 머리에 붉은 띠를 두르고 시위를 벌이는 모 대기업 노조원들의 투쟁 장면을 생생하게 보여주었습니다. 울부짖는 가족들 틈에는 철없는 아이들의 모습도 보여 보는 사람들의 눈시울을 뜨겁게 했습니다. 초등학교 3학년쯤 돼 보이는 한 아이가 울먹이며 말하더군요. "우리 아빠를 일할 수 있게 해 주세요."

뉴스의 화면이 바뀌더니 이번에는 서울역 앞 지하도에 즐비하게 누운 노숙자들의 모습을 보여주었습니다. 노숙자들 중에는 부도난 중소기업의 사장들도 다수 포함돼 있다고 말하는 기자의 표정이 왠지 우울해 보였습니다. TV화면은 마치 모자이크처럼 세상 돌아가는 모습을 비춰주었습니다. 북한이 인공위성을 발사하는 장면을 방금 봤다 싶은데, 어느새 화면이 바뀌었는지 금강산 호화 유람선의 웅장한 모습이 시야에 가득 들어왔습니다. 정말 뭐가 뭔지 모르겠더군요. 다만 분명한 것은 우리가 '분란한 사건의 가운데'에서 살고 있다는 점입니다.

H형!

작금의 우리 사회를 바라보면서 느끼는 것은 사회전체가 원칙이 없이 좌충우돌한다는 점입니다. 그래서 뭔가 표류하고 있다는 느낌, 각자 열심히 살려고 하는데 한편에서는 뭔가가 슬슬 새나가고 있다는 상대적 박탈감 같은 것이 가슴 한구석에 자리잡게 됩니다. 그게 누구의 잘못인지는 저도 자세히 모르겠습니다만, 분명한 것은 세상이 아무리 그렇더라도 미래를 위한 사과나무 한 그루쯤은 심어야한다는 것입니다. 희망을 버린 세상은 곧 가망이 없는 세상이기 때문이지요.

H형!

어제는 저에게 작은 기쁨이 찾아왔습니다. 며칠 전에 행방불명된 우리 집의 애견 '뽀삐'가 다시 집을 찾아왔으니까요. 여섯 살의 노처녀인데, 집을 찾느라 얼마나 고생을 했는지, 온몸이 상처투성이더군요. 여기저기가 찢기고, 게다가 누구한테 맞았는지 한쪽 다리를 심하게 절고 있었습니다. 이를 본 동물병원 의사선생님이 혀를 차며 말했습니다. "놀랬군요. 주사를 맞아야겠는데요. 어 그놈 참 똑똑하게도 생겼다."

H형!

두서없이 제 이야기만 늘어놓아서 죄송합니다. 정든 직장을 떠나 이국땅에서 고생하는 형의 근황 먼저 묻는 것이 도리일 터인데, 순서가 뒤바뀌었습니다 그려. 그럼 다음 소식 전할 때까지 몸 건강하시길 바랍니다.

〈월간 에세이〉

영화와 권력

지금은 일년에 한 번 영화관을 찾기 힘든 나지만 어렸을 적엔 광적일 정도로 영화를 좋아했다. 그랬던 나지만 요즘엔 시간이 없다는 핑계로 기껏 텔레비전에서 방영하는 프로로 영화에 대한 갈증을 때운다. 그러나 영화는 역시 영화관의 대형 스크린을 통해 박진감을 느낄 때 제 맛이 나는 법이다.

듣자니 앞으로는 가정에서도 벽에 걸어놓고 보는 대형 스크린이 보급된다고 하지만, 그것과 영화관에서 즐기는 영화의 맛이 같을 수는 없다. 이는 아무리 편리성을 추구하는 현대라고 해도 화로에서 보글보글 끓는 청국장찌개의 맛과 공장에서 생산하는 인스턴트식품의 맛이 같을 수 없는 이치와도 같다. 문화적 형식은 그 나름대로 고유한 맛과 향취가 있어서 단지 편리하다는 단 하나의 이유로 쉽게 포기할 수 없는 매력을 지니고 있기 때문이다.

쉬흔을 넘긴 중년들은 기억하겠지만 옛날에 가설극장이란 것이 있었다. 이렇다할 오락이 없던 시절, 농촌이나 산간벽지로 다니면서 문화에 굶주린 시골사람들을 상대로 영화를 보여주고 돈을 받는 일종의 이동식 영화관이다. 곡마단이나 남사당패처럼 하나의 유랑집단인 가설극장 단원들은 이 동네 저 동네 다니면서 철지난 영화를 틀어주는 것으로 생계를 유지했다. 안톤 체호프의 단편소설 〈귀여운 여인〉에 나오는 가설극장 주인처럼 비라도 내리는 날이면 단원들은 하늘을 향해 푸념을 늘어놓고는 했다. 여름의 기나긴 우기를 공쳐버리면 밥값도 못 건지기 십상이기 때문이다.

내가 초등학교에 다니던 60년대 초반의 시골마을에는 가설극장이 자주 찾아왔다. 어느 날 불쑥 유행가 소리가 확성기를 통해 들려오면 그날의 수업은 그것으로 끝이었다. 달뜬 아이들의 마음이 이미 그날 밤에 상영될 영화 쪽으로 달아난 뒤였기 때문이다.

"친애하는 성환 면민 여러분 안녕하십니까. 여기는 삼보영화사 올습니다. 오늘 저녁 보여드릴 영화는 신영균, 최은희 주연의......" 어쩌고 하는 카랑카랑한 선전원의 마이크 소리가 들리면 가벼운 흥분으로 몸을 떨곤 했다.

나와 같은 동네에 살던 기영이 아버지는 그 때 면사무소에 다녔다. 기영이는 나보다 한 살 많았는데 걔네는 농사를 짓는 우리 집과 여러 면에서 달랐다. 우리 집이 짚을 때는데 반해 걔네 집은 연탄을 땠고, 그 애 아버지는 신사복에 오토바이를 타고 다녔으며, 그 집 밥상에는

▲ 1960년대의 시골 가설극장 정경

항상 버터와 샘표 간장이 놓여 있었다. 무엇보다 부러운 것은 그 애 아버지의 막강한 힘이었다. 그 애 아버지가 어느 정도 힘이 세었냐 하면 가설극장에 식구들을 모두 공짜로 들여보낼 정도로 세었다. 우리들은 영문을 몰랐지만 가설극장 사장은 기영이 아버지한테 연신 굽신거렸다.

기영이는 우리들의 우상이었다. 영화만 들어오면 그 애는 몹시 신이 났다. 구슬, 고구마, 딱지, 만화책 등등 평소 삼삼하게 생각한 물건들이 손에 들어오기 때문이다. 대부분의 아이들은 영화구경을 하기 위해서 될 수 있으면 그 애한테 잘 보이려고 무진 애를 썼는데, 한 아이는 십리나 떨어진 기영이네 외갓집에 같이 갔다가 한 자루나 되는 땅콩을 대신 짊어지고 오기도 했다.

저녁을 먹고 사방이 어두컴컴해 질 때쯤 아이들이 기영이네 집으로 모여들었다. 열 명도 훨씬 넘는 인원이었다. 기영이가 어떻게 이야기를 했는지 모르지만 그 애 아버지는 식사를 마친 뒤 아이들을 데리고 극장으로 향했다. 나무기둥을 박고 광목으로 둘러친 가설극장 안에는 너무 이른 탓인지 우리를 제외하고는 입장객이 아무도 없었다. 아이들은 스크린이 있는 맨 앞자리에 나란히 앉았다. 확성기에서는 이미자의 '섬마을 선생님' 이 흘러나왔고, 기둥에 붙들어 맨 전등 주변에는 날벌레들이 어지럽게 날고 있었다.

말은 하지 않았지만 우리는 매우 불안했다. 어린이 소견에도 너무 많은 공짜 손님이라는 생각이 들었기 때문이다. 아니나 다를까, 바로 그때 가설극장 사장이 기영이 아버지에게 다가와 뭐라고 귓속말을 나누는 게 보였다. 우리는 기영이 아버지의 표정으로 미루어 뭔가 일이 잘 못되고 있음을 직감했다. 기영이 아버지가 말했다.

"지금은 표를 팔기 전이니까, 이따가 다시 들어오자."

결국 공짜 구경을 한 아이는 아무도 없었다. 그 대신 내가 다음날 본 것은 얻어터져서 엉망이 된 기영이의 얼굴이었다. 그리고 가설극장을 여는데 면사무소의 허가가 필요하다는 사실을 알게 된 것은 그보다 훨씬 뒤의 일이었다. 〈월간 에세이〉

꿈이 예술가의 배고픔을 채우지는 못하지요.

김형에게

빗재에서 광주로 이사했다는 소식을 듣고도 이런 저런 사정으로 찾아보지 못하다가 방문을 한 뒤 돌아와 이 글을 쓰는 중이오. 빗재에서 형의 생활이 어떠했는지 직접 내 눈으로 보질 못했으니 뭐라 말할 수는 없소. 다만 그곳 광주에서 사는 모습을 보니 마치 한 마리의 학을 대한 것 같았소. 홍진에 묻혀 부대끼며 사는 나로서는 단지 놀라울 따름이요.

때마침 방문하신 김형의 노모님과 큰 형님을 비롯한 기족, 권칠인 형, 후배 박산수 군과 함께 식사도 나누고 시원한 초막에서 막걸리도 마시니 오랜만에 고향에 온 것 같은 정취를 느낄 수 있었소. 또 만삭의 몸을 이끌고 여러 손님 수발하느라 고생한 어부인도 고마울 뿐이오.

사람 사는 일이 모두 그렇겠지만 우선 노동하여 번 돈으로 생계를 꾸리고 나아가서는 이 땅 위에 두 다리로 굳건하게 버티고 선다는 것은 우리처럼 작업을 하는 사람들에게도 예외는 아니리다. 그런 점에서 볼 때, 이번에 김형이 시도하는 다기세트 시작품(試作品)은 매우 훌륭하다는 생각이 듭니다. 작가에게 가장 바람직한 작업 여건은 세상의 잡다하고 번거로운 일에서 떠나 오로지 자신의 예술세계를 가꿔나가는 방향으로 모아져야 하나, 세상 일이 매양 이와 같지 못하니 생활을 위한 방책 또한 세워야겠지요. 이번에 김형이 만든 다기를 보면서 나는 문득 어떤 원초성 같은 것을 느꼈는데, 이처럼 모든 상품제작이 자동화한 시대에 김형처럼 직접 손에 의한 제조는 감명으로 가슴에 다가 오더군요.

또한 김형은 전기나 가스 로(爐)를 멀리하고 장작 가마를 고집하는데 이 또한 도자예술의 본령이라고 생각합니다. 사실 예술이 지닌 매력이란 과학의 속성이랄 수 있는 '확실성'이나 '합리성' 또는 '보편성'과는 달리 '우연성', '무작위성'에 뿌리박고 있지 않나 하는 생각이 들 때가 있소. 특히 우리나라의 예술이란 게 더욱 그렇지요. 나는 이런 경우의 뚜렷한 예를 형의 작품에서 느끼는데, 우리의 정신적 본향인 대지로의 회귀를 매개하는 토우에서지요. 토우를 사용한 김형의 행위 작업에서 김형은 이러한 의식(儀式)을 집전하는 무당입니다.

이야기가 다소 옆길로 샌 것 같은데 다시 거슬러 올라가서 먹고 사는 문제에 대해 언급하자면, 아무튼 작가들도 철저한 생활인이 돼야 한다는 것, 예술을 빙자한 무위도식은 용납할 수 없다는 것이 나의 지론이오. 그 이유는 예술은 다른 사람들에게 꿈을 제공해 주지만 그 꿈이 예술가의 배고픔을 채워주지는 못하기 때문이지요. 그런 점에서 볼 때, 김형이 이번에 '빗재가마'를 이름으로 내걸고 생활자기를 만든 것은 환영할 만한 일이라 생각하오. 형은 언젠가 "이젠 나도 생활을 인정해야겠다"고 말한 적이 있는데, 이 말은 곧 김형이 '순수성'을 허물겠다는 의미가 아니라, 예술과 생활을 분리하겠다는 뜻이겠지요.

우리의 무의식 속에 박혀있는 "예술작품을 경제적 가치의 측면에서 보려고 하지 않는" 뿌리깊은 타성을 깨지 않는 한, 진정한 의미의 예술 발전을 기대하기란 어려울 것 같습니다. 이 점은 예술가나 일반 대중에게 모두 해당될 터인데, 우리의 경우 대부분 작품을 선선하게 주고받는 정리(情理)의 관계 속에서 예술 풍토가 무르익어 왔기 때문이 아닌가 생각하오.

이것은 곧 예술행위 또는 작품을 직업적인 노동의 산물로 여기지 않고 하나의 여기로 간주하거나, 또 작가의 입장에서는 '쟁이'라고 천대받는 상황 속에서 자기 스스로를 비하해 온 관행에 그 이유가 있지 않을까 하오. 스스로 천하다고 여기는데 어떻게 당당한 자존심의 발로가 있겠습니까.

이제 나 자신의 개인적인 문제로 화제를 돌리자면, 내 경우는 70년대 중반, 그러니까 내가 최초로 작품을 발표한 때부터 지금까지 입체다 드로잉이다 해서 애초에 작품이 팔리리라는 기대같은 것은 하지도 않고 시작했기 때문에 따로 직업을 가져야 했지요. 그래서 군에서 제대하자마자 선택한 것이 교직인데 대부분의 작가들이 그렇지만 교직이나 화실을 운영하면서 작품활동을 병행하기란 참으로 어려운 일이지요. 그래서 그런지 처음에는 재능이 있다고 생각한 작가들이 중도에 포기하는 경우를 심심치 않게 보아왔는데, 이게 아무래도 영 남의 일 같지 않습니다. 특히 내 경우는 퍼포먼스를 많이 하니까 더욱 심한 편인데, 70년대에 이벤트를 할 때만 해도 회화적인 표현의 맥락에서 했기 때문에 그다지 경제적인 압박을 받지 않고도 해 나갈 수 있었습니다. 그러나 80년대에 들어서 퍼포먼스의 양상이 총체적인 경향으로 치닫게 되고, 엎친 데 덮친 격으로 독자적인 나의 개인 그룹까지 창단을 하고 보니 운영에 따르는 비용 지출이 엄청나더군요. 그래서 궁여지책으로 생각한 것이 후원을 받는 길인데 기대한 것만큼 반응이 크질 않아요. 요즘에는 관람료를 받는 경우가 점차 늘고 있지요.

'퍼포먼스(performance art)' 라는 용어 문제만 해도 항간에서는 현재 병행해서 사용하는 '행위예술' 또는 '행위미술' 로 통일하거나 다른 어떤 용어를 우리말 중에서 찾아내 사용해야 한다는 의견이 지배적인 것 같지만, 내 견해로는 통일해야 한다는 점에서는 동감하나 단지 '퍼포먼스' 라는 말이 외래어이기 때문에 굳이 배척해야 할 필요성은 느끼지 못하고 있소. 왜냐하면 퍼포먼스를 그 어떤 다른 말로 바꿔 사용해 본들 그것이 우리의 독자적 형식으로 보편적으로 받아들여질 소지가 없고, '사물놀이' 나 '판소리' 처럼 고유의 형식을 갖고 있지 못하기 때문에 우리 고유의 형식이 개발될 때까지는 잠정적으로 이를 사용하는 것도 무방하다고 생각하오. 이러한 것들이 언젠가 정리가 되면 그때 가서 당당하게 이름을 붙여도 늦지 않겠지요.

김형!

내 머릿속에는 정말 꼭 해보고 싶은 거창한 프로젝트들이 많이 들어있습니다. 우선 내가 해야 할 일은 부단히 부딪쳐 나가고, 끊임없이 이해시키며, 조용한 가운데 뭔가를 해 나가는 것이지요. 사방에 장애물이 있고 헤쳐 나가야 할 암초가 너무나 많아요. 그 가운데 무엇보다도 가장 힘겨운 일은 끊임없이 치밀어 오르는 나의 사욕을 억누르는 일이지요. 왜냐하면, 예술은 개인이 사회에 바치는 가장 순수한 선물이니까요.

〈가나아트〉

사우곡(思友曲)

"나 용문인데, 용대 어머님이 돌아가셨대. 이런 불효가 없구나."

막사발을 빚는 김용문에게서 전화를 받은 순간, 나는 정신이 멍해졌다. 드디어 올 것이 왔구나. 한번 찾아뵌다 하면서도 바쁘다는 핑계로 차일피일 미루던 차였다. 일찍이 한 친구를 통해 서울 생활을 정리하고 포천 어딘가에 딸과 함께 사신다는 걸 알았지만, 정작 나는 전화번호조차 알지 못했다. 근황을 알려준 그 친구는 마침 전화번호가 적힌 수첩을 잃어버려 다시 전화가 오기만을 기다린다고 했다. 너를 몹시 보고 싶어 하신다는 말을 말끝에 덧붙이고 친구는 전화를 끊었다. 그런데 돌아가시다니.......

빈소를 방문하여 용대 어머니의 영정을 바라보자 순간 눈물이 하염없이 흘렀다. 아마 회한 때문이었을 것이다. 십 여 년 전, 갑자기 세상을 떠난 용대의 장례식이 끝나고 청파동 자택을 방문해 뵌 것이 마지막이었다. 어머니는 사랑하는 아들의 갑작스런 죽음으로 기력이 많이 쇠해보였지만 결코 의연함을 잃지 않았다. 잔잔한 미소와 조용한 말씀도 옛날 그대로였다. 나는 친구가 남긴 그림과 자료들을 살펴보고 출판이라도 해 주어야겠다는 생각에 간단한 단상과 시들이 적힌 노트를 챙겼지만, 그 후 그 계획마저 여의치 못해 실행에 옮기지 못했다.

세상의 번잡한 일에 묻혀 인간의 도리를 못하는 것은 인륜을 저버린 죄다. 이런 저런 사정을 이야기하지만 그것은 알량한 자기합리화에 불과할 뿐이다. 나는 그런 점에서 많은 것을 그의 어머니에게 빚지고 있다. 삼십 여 년 전, 천둥벌거숭이처럼 세상을 떠돌아다닐 때

▲ 대학 1학년때 용문산에 캠핑가서 찍은 사진, 왼쪽부터 고(故)강용대, 필자, 윤재명(프랑스 파리거주)

청파동 언덕배기에 있는 용대의 집은 우리의 아지트였다. 통금이 임박해 술에 취한 우리 일당들이 밤늦게 들이닥쳐도 늘 잔잔한 미소로 맞아주며 콩나물국을 맛있게 끓여주시던 어머니였다. 혈기 방장한 우리들은 밤새도록 술을 마시며 열변을 토하고 얼마나 화단을 난도질했던가.

고(故) 강용대는 단구(短軀)지만 단단한 체격의 소유자였다. 검도가 초단이었다. 팔십년 대 초반의 어느 날 밤, 굴레방 다리에서 이화여대로 넘어가는 언덕배기 골목에서 한 깡패와 싸움이 붙었을 때, 그는 날렵하게 몸을 날려 장신의 거구를 단 한 번의 동작으로 쓰러뜨리는 신기를 발휘했다. 작은 키의 그가 거한의 머리를 잡고 매달리니까 몸이 대나무처럼 휘며 무너진 것이다. 그런 그였지만 정작 술은 당해내지 못하고 소주의 투명한 세계로 빠져들었으니 이를 일러 열반주라고나 할까. 아무튼 무척이나 아쉬운 재사(才士)의 죽음이 아닐 수 없다.

1997년, 금산갤러리에서 열린 강용대의 개인전은 갑작스런 그의 죽음으로 졸지에 유작전이 돼 버렸다. 당시 조선일보를 비롯한 몇몇 신문들은 그의 전시회를 대서특필해서 눈길을 끌었다. 생전에 그는 매스컴의 주목을 받은 적이 없었다. 그를 아끼는 몇몇 친구들과 낭인처럼 세상을 조롱하며 인사동 일대를 주유하는 것이 일과였다. 그의 곁에는 늘 소주잔과 친구들이 있었다.

그는 인사동 거리에서 바나나를 팔기도 했다. 한 개에 10원씩 팔았으니 완전히 믿지는 장사였다. 그러면 손해 아니냐고 물으면 "세상에 믿지는 놈도 있어야 된다"며 태연하게 맞받아쳤다. 그는 생전에 숱한 기행을 뿌리고 다녔다. 명리에 빠져 인간성을 망각한 사람들에게 촌철살인격의 경구를 시로 남기기도 했다. 그럴수록 지인들은 슬금슬금 그를 피해 지나갔다. 그는 늘 외톨이였다. 1998년 어느 날 밤, 광주발 서울행 무궁화호 기차 안에서 나는 죽은 친구를 생각하며 다음과 같은 시를 썼다.

아하, 泰山北水여!
-故 姜龍大 兄에게

아하, 泰山北斗, 아니
泰山北水 강용대여!
그대 그렇게 흔적 없이 가버렸구나
살았을 적엔
力拔山氣蓋世
호호탕탕 獅子吼로
위선 떠는 자들 간담을
서늘케 하더니,
그대의 지략으로도
닥아 오는 죽음은

못 막았구나

그 누가 있어
그대 떠난 빈 자리를 메우겠느냐
志士도 없고
영웅도 없는 시대의
공백을 메우겠느냐

백사람의 有名이
한사람의 無名을
가리겠느냐
아니다
더더욱 아니다
알량한 손바닥으로 해를 가리듯
그건 더욱 아닐 것이다

아하, 泰山北水 姜龍大여!
그대 그렇게 가버렸구나
밤이슬 사라지듯이
흔적도 없이
그렇게 가버렸구나

*北水는 故 강용대兄의 號임

나는 몰랐던 일이지만 평소에 고인은 수모도 많이 겪었나 보다. 왜 그렇지 않았겠는가. 힘이 있는 자 앞에서는 머리를 조아리며 굽신대는 인간일수록 빽없고 무력한 사람에게는 더 기세등등한 것이 세상사 아니던가. 그 서러움이 어떠했는지 고인은 다음과 같은 시를 남기고 있어 주목된다.

인사동에서

내 우연히 좋은 벗들과
처음에는 포장마차에서
지금은 주막에서
흔쾌히 술 한 잔에 마음의 먹구름을
흩어버렸다네
가끔 시정잡배에게 험한 꼴도 당하고
주모의 위로도 받았다네
사금을 체에 고르듯 인연은 맺어졌고
가끔 눈물 적시는 흐뭇한 사연도 있었다네
인연도 잠시
내일이면 아줌마는 떠난다하고

우리는 흩어지리
말할 수 없는 정만
뜬 구름처럼 남으리
1994.10.29

이 무렵이면 작고하기 3년 전이니까 그렇게까지 건강을 해치진 않았을 것으로 짐작된다. 당시 나는 현대백화점이 경영하는 미술관의 관장으로 근무하고 있었다. 그는 화선지에 별을 그리는 먹 작업을 하고 있었다. 진한 먹빛이 밴 화선지 위에 단청으로 아름다운 성좌를 그렸다. 어느 날 밤, 한참 원고를 쓰고 있는데, 그에게서 전화가 왔다. 당장 좀 올 수 없냐는 것이다. 몹시 절박한 목소리였다. 나는 가곤 싶지만 갈 수가 없다고 했다. 전화는 30십 분 간격으로 울렸다. 그날 밤 나는 결국 그에게 가지 못했다. 그런데 그가 작고하고 난 뒤 그가 남간 시들을 읽다가 나는 다음과 같은 시를 발견했다.

무 제
아! 세월이 빨랐던가
내가 앞서 갔던가
사십에서 다섯 번째 생일을 맞는다
안면 있는 사람들은
마누라 눈치 보느라

자식 생각에
전전긍긍하고
친구는 멀리 있어 보고 싶어도
만날 길이 없네
홀로 마시는 술 한 잔,
예쁜 계집 혼자 술잔에 따라주네
입추 지난 방안에
초가을 바람만 어깨를 스치네
1997.8.11

명리나 출세는 뜬 구름과도 같은 것이다. 꿈 많던 학창시절, 그 순수한 열정과 패기, 그리고 우정은 다 어디로 갔는가. 거친 세파는 친구간의 우정도 갈라놓는다. 각자 바쁜 삶을 사느라 옛정을 잊기 일쑤인 것이다. 평소에 그는 일 년에 한 두 차례 느닷없이 내 사무실을 방문하곤 했다. 그는 어떤 부탁도 하지 않았다. 그냥 내 방을 둘러보고 몇 마디하고는 "나 간다" 그랬다. 나는 그런 그에게 공항에서 산 담배를 두어 갑 쥐어주었다. 그게 다였다. 그런데 작고하기 얼마 전부터 얼굴에 발갛게 술꽃이 피기 시작했다. 언젠가 아마 대학동기 망년회였지? 그는 생쌀을 안주삼아 소주를 마셨다. 그런 그를 보며 내가 말했다. "내가 요즘 너를 소재로 소설을 쓰고 있다." "그래? 껄껄껄, 거 재밌겠는데." 그가 호탕하게 웃으며 말했다. 그 무렵 나는 무슨 열정으로 그랬는지 모르지만, 하루에 이 백 자 원고지 50매씩 갈기는 작업을 밤낮으로 하고 있었다. 〈대성리 가는 길〉은 그의 죽음을 전후해서 쓴 2천 5백매 분량의 소설인데, 그 원고는 아직도 햇빛을 보지 못하고 책상서랍에서 잠자고 있다.

돌아보면 나는 참 행복한 사람이다. 그렇게 느낀다. 강용대도 시에서 묘사한 적이 있듯이, 부리부리한 눈매의 장경호가 인사동에 가끔씩 모습을 보이고, 이제는 기가 죽어 유순해 보이는 그가 그렇게 아름답게 느껴질 수가 없다. 그의 사고는 70년대의 모습 그대로 정지돼 있다. 네 것 내 것의 구별이 없었던 시절, 그 아득한 시절로 되돌아가자고 그는 말하는 것 같다. 그러나 무슨 재주로 세월의 변화를 막을 수 있을 것인가.

이쯤에서 장익화도 생각이 난다. 만나면 대놓고 내게 육두문자를 쓰는 친구는 그밖에 없다. 너나없이 개털이었던 80년대 초반에 우리는 그렇게 만났다. 낭인처럼 저자거리를 헤매던 시절, 그 아득한 추억의 공간 속에 우리는 매몰돼 있다. 대성리 화랑포 강변, 그 쌀쌀한 겨울 강바람을 맞으며 청춘을 불사르던 그 시절은 정녕 다시 안 올 것인가. 문영태, 김정식, 홍선웅, 육근병, 김용문, 이흥덕, 정덕영, 김관수, 정준모, 김언경 등등, 초창기 대성리 멤버들이 떠오른다. 고 강용대는 대성리에 유달리 애착을 가졌던 친구다. 그의 유골은 대성리 북한강에 뿌려졌다.

이번에 열리는 유작전을 계기로 그를 기리는 시화비(詩畵碑)라도 하나 세웠으면 좋겠다. 그래서 세파의 유혹에 흔들릴 때 맑게 살다간 그를 생각하며 그 자리를 찾아간다면 그것 또한 하나의 행복이 아니겠는가.

〈2009〉

관념적 세계로서의 별 그림, 그 찬란한 성좌들

한 작가가 생전에 빛을 보지 못하고 세상을 하직한다는 것은 슬픈 일이다. 작가 본인에게든 유족에게든 안쓰러운 일임에 분명하다. 더구나 그 작가가 생존시에 불운했던 경우, 남아있는 친지들과 벗들은 평소 고인에 대한 소회가 겹쳐 비감이 더욱 깊게 마련이다.

고 강용대는 금산갤러리에서의 초대전을 불과 보름 앞두고 지병으로 급서한 비운의 작가이다. 그는 70년대 중반에 당시로서는 가장 실험적인 미술단체인 S.T 그룹에 약관 20대 초반의 신예로 파격적인 초대를 받기도 했다. 그 후 81년도에 창립된 〈대성리전〉의 멤버로 활동하는 등 주로 재야적인 성격의 단체를 중심으로 작품을 발표하기 시작했다. 말하자면 철저한 아웃사이더로서 그림을 그렸던 것이다. 그 기간이 70년대 후반부터니까 거의 20년에 가까운 세월을 음지에서 활동했다. 그렇게 해서 남기고 간 유작이 대략 5백여 점으로 재평가 받기에 손색이 없는 양이다.

70년대 중반에서 80년대 후반까지는 주로 개념미술에 깊은 관심을 보였다. 일련의 퍼포먼스와 함께 시도했던 이 무렵의 작품들은 대부분 멸실되어 찾아보기 어렵지만, 기하학적인 도형의 개념적인 문제를 다룬 오브제 작품들이 주류를 이루었다.

그의 작품이 독자적인 형식과 내용을 갖추고 지속적으로 전개되기 시작한 것은 일련의 '우주화' 혹은 '별그림'에서 비롯된다. 내 기억으론 80년대 초반이 아니었나 싶다. 한지를 사용하여 앞뒷면에 먹물을 여러 차례 먹이고, 그 위에 단청으로 성좌를 그려 넣는 작업을 무려 십여 년 이상 해 왔던 것이다. 초기에 실험 작업에 몰두했던 때를 빼고는 한 가지 방법론에 의거하여 지속적으로 탐색을 해 왔으니, 매체에 대한 깊은 이해가 뒤따르지 않을 수 없다. 그가 남긴 작업노트를 보면 한지 자체에 대한 물성의 파악이 심도 있게 이루어지고 있는데, 이는 오랜 기간에 걸친 천착의 결과임을 말해준다.

작업노트에 의하면, 그는 평면을 철저히 평면으로 의식한 것 같다. 입체감이 두드러지는 것을 의식적으로 피하려고 한 흔적이 이를 말해준다. 회화의 조건을 평면으로 수용하고 그 위에 영롱한 우주의 세계를 열어갔다. '0.2 밀리미터에 지나지 않는 한지의 두께를 다시 삼사 등분할 수 있다'고 한 대목은 10여 년에 걸친 수련의 강도가 어떠했는지를 알려 준다.

각기 다른 먹의 농담을 겹쳐 칠하는 가운데 생성되는 계조

(gradation)는 창창한 우주공간의 깊이를 연상케 한다. 먹을 여러 차례 칠해 우주의 분위기를 낸 뒤, 그 위에 나름대로의 별자리를 그려나갔다. 접시꽃좌, 감자좌, 연꽃좌 등 상상 속의 성좌들을 그렸다. 일종의 관념이요 개념으로서의 우주화인 것이다. 그렇게 해서 이룩된 성과가 5백여 점에 이르는 작품 속에 고스란히 담겨있다.

그의 작품에 대한 보다 객관적인 평가는 시기별 작품에 이르는 섬세한 변화 과정을 보다 심도 있게 추적할 때 나타날 것이다.

〈가나아트 1997년 10월호〉

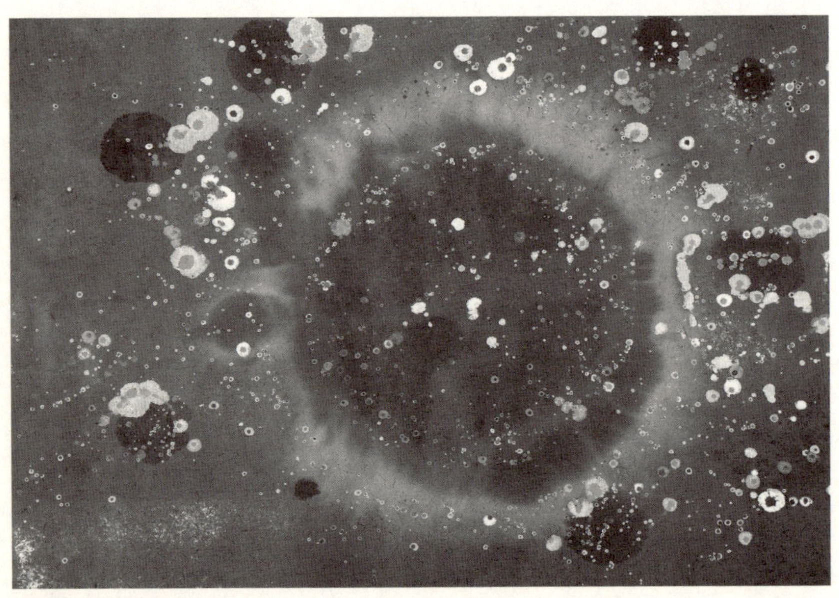

▲ 강용대 작 _ 블랙홀의 탄생 64×47cm 한지, 먹, 단청, 아크릴 1991

둘째 장

미술시장과 비평

▲ 중국 베이징에서 열린 아트페어 장면

권태의 계절

희망 찬 새해를 맞이했지만 아직 연초여서 그런지 미술계가 조용하기만 하다. 이런 느낌은 크고 작은 일로 늘 분주하고 바람 잘날 없던 미술계였기에 더욱 그런지도 모른다.

차제에 미국의 이라크에 대한 공격이 초읽기에 들어간 상황에서 이에 대한 반대 시위가 연일 지구촌 곳곳에서 벌어지고 있다. 세계 유일의 초강대국인 미국의 신경을 거슬리는 북핵 문제 또한 우리의 현실적인 이슈로 대두되고 있는 상황이다. 국가적으로는 장차 개혁 정부가 들어서면서 겪게 될 보수와 혁신, 혹은 계층 간의 갈등이 만만치 않을 조짐이다. 바야흐로 나라 안팎에서 전개되는 어려운 상황이 우리의 생존을 위협하고 있는 것이다.

이러한 상황에서 미술계의 문제를 거론한다는 것 자체가 일종의 정신적 사치일 수 있으리라. 그렇지만 어쩌랴. 미국의 이라크 공격이

나 북핵과 같은 거대한 이슈보다는 당장 우리가 몸담고 있는 미술계의 문제가 우선적으로 피부에 와 닿는 것을......

그러나 한편으로 생각하면 이들이 전혀 관계없다고는 볼 수 없을 것이다. 세계는 마치 피륙과 같아서 그 촘촘한 직물의 조직들이 서로 연결돼 있기 때문이다. 우리가 일상에서 흔히 겪듯이 피륙에 삐죽 튀어나온 올 하나를 잡아당기면, 전체에 주름이 잡히지 않던가. 비록 그 주름이 아무리 사소한 것이라 할지라도 판 전체에 어떤 영향을 전혀 안 미친다고는 볼 수 없는 것이다. 미국과 이라크간의 전쟁을 예로 들면, 미국에 동조하는 세력과 반대하는 세력으로 나뉘어 상황에 따라 피륙의 판이 시시각각으로 변해 나간다. 북핵 문제는 판 전체의 입장에서 보면 상당히 큰 비중을 차지한다고 할 수 있다. 신정부가 빚을 사회, 정치적 갈등 또한 비중 면에서는 그보다 작겠지만, 우리의 삶과 직결된다는 점에서 결코 작다고만 할 수 없다. 그렇다면, 미술계의 문제는?

물론 아주 미세한 하나의 올에 지나지 않을 것이다. 어찌 보면 세계라고 하는 직물에 전혀 영향을 미칠 것 같지 않은 미약하기 짝이 없는 하나의 올! 그러나 세계의 피륙이 나로부터 시작된다고 하는 관점에서 보면 세계보다 우선하는 것은 결국 나이다. 내가 있음으로써 비로소 세계가 존재하기 때문이다. 그렇기 때문에 나는 나의 주변을 우선적으로 돌아볼 수밖에 없는 것이다. 그렇게 해서 돌아본 미술계는 과연 어떠한가?

섣불리 예단할 수 있는 사안은 아니나 다소 헝클어져 있는 것만은 사실인 것 같다. 증상적으로 볼 때, 우리의 미술계는 다소 건전함을 잃고 있다고 판단되기 때문이다. 무엇보다 안타까운 것은 과도한 상업주의의 침윤과 이로 인한 도덕적 해이(解弛)다. 1997년, IMF 한파 이후에 몰아닥친 미술시장의 침체와 이로 인한 미술계의 위축은 작가의 생존을 실질적으로 위협하는 주 요인이 되었다. 생존에 대한 위협은 어느 분야에서나 흔히 볼 수 있는 사회적 현상이지만, 끊임없는 분당과 파당을 낳았다. 미술인들의 대표적인 단체인 한국미술협회가 IMF 이후 극심한 내홍(內訌)을 겪은 사실이 이를 말해준다. 생존의 위기에 근원을 두고 있는 도덕적 해이는 미술계의 건강을 해치는 암적 존재이다. 당연한 수순이지만, 도덕적 해이는 도덕적 불감증을 불러오기 마련이다. 끼리끼리 짝짓기가 이 단계에서 나타난다. 작가, 화상, 저널리스트, 큐레이터, 비평가, 관리, 고객 등 미술계의 구성 인자들이 상황과 사안에 따라 파트너를 달리 하면서 짝짓기를 행하게 되는 것이다. 그러는 과정에서 먹이사슬이 형성되고, 다소 비속한 표현을 허용한다면 밥그릇 싸움은 더욱 치열해져 간다. 너나 할 것 없이 '참을 수 없는 욕망의 포로'가 돼 가는 것이다. 그러나 욕망을 둘러싸고 나타나는 미술계의 부정은 정치권에 비하면 그야말로 새발의 피요, 한낱 애교에 지나지 않는다. 미술대전을 비롯한 각종 공모전 심사와 관련된 추문이나 공공조형물을 둘러싼 스캔들은 수 십, 수 백 억에 달하는 정치권 스캔들의 천문학적인 액수에 비하면 시쳇

말로 '코끼리 비스킷'에 불과하기 때문이다.

북핵 사태가 걷잡을 수 없는 방향으로 치달아 설혹 한반도에 전쟁이라도 나면 미술계의 문제는 그야말로 '문제'도 되지 않을 지도 모른다. 죽느냐 사느냐 하는 마당에 한가하게 미술이나 부여안고 있을 수만은 없는 노릇이기 때문이다. 그러나 한반도가 두 동강이 나 지구상에서 통째로 사라지지 않는 한, 미술은 비록 형태는 달리 할지언정 여전히 그 생명력을 유지해 갈 것이다. 그러니 염세적인 생각일랑 던져 버리자.

나라의 안팎에서 온통 우울한 소식이 들리는 가운데 비평을 비판하는 목소리가 드높다. 비판의 요지는 크게 봐서 담론의 생산, 비평의 기능, 비평가의 역할에 관한 것으로 모아지는 것 같다. 미술계를 주도할 만한 담론의 생산이 결여돼 있다, 비평가들이 주례사나 쓸 뿐 글다운 글을 생산하지 못한다, 정실 비평을 한다 등등 비판의 내용도 가지각색이다. 이런 비판은 주로 작가들로부터 제기된다. 비평에 대해 쏟아지는 이런 불만을 듣고 있다보면 비로소 비평의 수난 시대가 시작되는 것은 아닌가 하는 착각이 들 정도이다. 비평이란 말의 본뜻에 '위기(crisis)'라는 의미가 깃들여 있다는 사실을 염두에 둔다면, 서두에 언급한 것처럼 우리는 다방면에서 위기의 국면을 맞고 있음을 부인치 못하리라. 미술의 위기도 위기지만, 우리의 실존을 둘러싼 모든 분야에서 비롯되는 위기는 더욱 큰 위기임에 틀림없다. 세계정세도 위기요, 한반도의 문제도 위기이다. 앞서 언급한 피륙의 비유로 말하면, 지구촌의 한 구석에 위치한 작은 반도국가의 미술계에 불어닥친 위기와 중동의 위기가 전혀 무관하다고 단언할 수만은 없다. 미국 대통령 조지 부시가 신경이 거슬린다는 이유로 피륙의 올을 뽑으면 그 파장이 얼마 안 있어 엉뚱한 한국의 미술계에 미치게 된다. 미국이 이라크의 석유 매장량에 눈독을 들이고 있다는 항간의 풍문을 액면 그대로 받아들이면, 조만간 불어 닥칠 원유가의 폭등은 피륙의 물결을 타고 한국의 미술계에 치명적인 영향을 미치게 될 것이기 때문이다. 그렇게 되면 가뜩이나 어려운 판에 한국의 미술시장은 그대로 얼어붙을 수밖에 없고, 그 여파는 급기야 작품을 팔아 생계를 꾸려가야 하는 작가들의 생존을 위협하게 될 것이다. 그러면 먹이 사슬의 준동은 집단적인 히스테리로 번지게 된다. 이야말로 고래 싸움에 새우등 터지는 격이 아닌가.

그렇다면 손상된 피륙을 제대로 복원하자면 과연 어떻게 해야 할 것인가. 미술계에 국한시켜 말하자면, 비평이 본연의 기능을 회복하여 촌철살인의 쓴 소리를 하기 시작하면 과연 가능할 것인가. 부지런히 담론을 생산하고, 그래서 미술계에 희망의 비전을 보여준다면 침체된 미술계가 회복될 수 있는 것일까? 그런데 도대체 세계의 미술계에 번지고 있는 이 권태의 늪의 정체는 무엇인가. 세계의 비엔날레 현장을 누비고 다니는 저 닳고 닳은 거간꾼들은? 혹시 비평의 부재를 부르짖는 작가들의 의중엔 '나만 빼고' 다른 작가를 비판해 달라는 얄팍한 주문이 숨겨져 있는 것은 아닌가?

본래 비평의 어원에는 '구분한다'는 함의가 담겨있다. 사물을 비교하고 대조하여 가치를 판단하는 기능이 그 속에 내재돼 있는 것이다. 이 침체의 시대에 세계의 하늘을 짓누르는 저 권태의 우울한 시대적 분위기를 뚫고 홀연히 나타날 메시아는 과연 그 어느 곳에도 없는 것일까?

〈미술평단〉

돈, 문화 그리고 비평의 요구

장안을 떠들썩하게 만든 '옷 로비 사건'에 연루돼 한바탕 곤욕을 치룬 K장관이 장관직을 사임한지 얼마 지나지 않아 이번에는 S장관이 기업인들로부터 격려금으로 받은 2 만 불이 빌미가 돼 취임한지 한 달 만에 물러나고 말았다. 둘 다 고위 공직자의 자리를 지킨다는 것이 얼마나 힘든 일인가를 일깨워주는 사례들이다.

그런데 이 두 경우를 자세히 들여다보면 거기에는 한 가지 공통점이 있음을 발견하게 된다. 속사정이야 어찌됐던 공직자의 품위를 유지하기 위해서는 멀리해야 마땅한 금품의 유혹을 단호히 뿌리치지 못했다는 사실이 바로 그것이다.

이와 관련하여 생각나는 일화가 있다. 옛날에 한 선비는 두 임금을 섬길 수 없다하여 과감히 공직을 사퇴하고 낙향을 하였는데, 워낙 출중한 인물인지라 정권을 쥔 무리들이 가만히 놓아두려고 하질 않았다. 돈과 쌀로 추위와 굶주림에 고통받고 있는 선비를 끊임없이 유혹하였던 것이다. 초인적인 자세로 버티던 선비는 끝내 그 유혹에 굴복하고 만다. 가족의 굶주림을 더 이상 보고 있을 수만은 없었던 것이다. 선비는 마침내 정계로 진출하여 정승이 되었고, 가족은 비로소 굶주림으로부터 벗어날 수 있었다. 그러나 불행하게도 얼마 안 있어 정란이 일어나 선비가 애초에 섬기던 임금이 다시 등극하는 사태가 벌어졌다. 마침내 선비는 반역죄로 처형되고, 가족은 노비의 신세로 전락하기에 이른다. 지조가 선비의 삶에서 얼마나 중요한 것인가를 일깨워주는 대목이 아닐 수 없다.

돈은 동전의 양면과 같다. 잘 쓰면 인류에게 행복을 가져다주지만, 잘 못 쓰게 되면 당사자뿐만 아니라 애꿎은 사람의 인생마저 불행에 빠트린다. 돈의 사용과 관련된 윤리의식의 정립이 절실히 요청되는 까닭이 바로 여기에 있다. 그런데 작금의 세태를 보면, 우리사회가 점점 더 황금만능주의로 나아가는 것 같아 안타깝기 짝이 없다. 더욱 가관인 것은 정부마저 이러한 세태를 은연중 부채질하고 있다는 사실이다. 이른바 '신지식인론' 이 바로 그것이다. 이에 대한 비판이 지식인 사회에서 일자 정부는 최근 대통령의 입을 통해 '각자 맡은 분야에서 최고가 되는 사람' 이 바로 신지식인이라고 개념을 규정한 바 있다. 그러한 정부의 입장에 굳이 반대할 이유는 없지만, 거기에는 간과해서는 안 될 문제점이 도사리고 있다. 신지식인의 모델로 제시된 심형래, 박세리, 박찬호 등등, 매스컴에 의해 급격히 부상된 유명연예인이나 스포츠인들이 모두 고소득자들이라는 점이다.

'신지식인'과 관련된 정부의 이러한 태도는 정신적 가치보다는 경제적 가치를 우위에 둠으로써 자칫하면 국민들의 건전한 가치관을 오도할 위험이 있다. 뿐만 아니라 정부가 취하고 있는 이러한 실용주의적 노선은 최근에 일고 있는 '인문학의 위기'와 관련시켜 볼 때, 언젠가는 우리 사회에서 진정한 가치의 무풍지대, 다시 말해서 '악화가 양화를 구축하는' 불행한 사태를 초래할지도 모른다.

몇 년 전, 나는 한 강연회에서 우리 사회의 일각에서 조용히 일고 있는 한 현상을 심히 염려스런 논조로 지적을 한 적이 있다. 그 무렵 시내를 지나다가 우연히 본 한 예식장 건물의 모양새가 바로 화제의 대상이었다. 이른바 '키치(kitch)'의 대명사라고 할 수 있는, 조잡한 모양새의 그 예식장 건물은 동화 속에서 흔히 보는 전형적인 서양식 궁전 스타일을 하고 있었다. 양파처럼 생긴 돔 탑에 삼각형 깃발이 꽂힌 모양새가 영락없는 중세의 고성을 옮겨다 놓은 것 같았다. 그때 내 눈에 부산하게 움직이는 하객들 틈에 서서 마치 신데렐라라도 된 것처럼 행복한 미소를 짓고 있는 신부의 모습이 들어왔다. 어느 틈에 영악한 상술은 처녀들의 순진한 '공주병'마저 돈벌이의 한 수단으로 이용하기에 이른 것이다. 그럭저럭 세월이 흘렀다. 나는 지금 서울과 지방 도시의 도처에 독버섯처럼 번지고 있는 국적불명의 '왕궁' 스타일의 저 요란스런 변형을 보면서 마음 한 구석이 무너져 내리는 것을 느낀다. 그 흉측한 스타일은 이제 예식장 건물뿐만 아니라, 식당, 유치원, 놀이동산, 고속도로 휴게소의 건물마저 무차별적으로 잠식해 들어가고 있는 참이다. 이런 추세로 나간다면 조만간 도시가 온통 조악한 서양식 '왕궁'으로 뒤덮일 판이다. '악화가 양화를 구축하는' 현장이 바로 우리 곁에 있었던 것이다.

이른바 '비판의 부재' 시대에 비판을 담당하는 비평가들의 곧은 자세가 절실해서 몇 자 적어 보았다. 〈미술평단〉

천민자본주의와 미술시장

IMF사태를 겨우 벗어났나 했더니 다시 불황의 골이 깊어지는 것 같다. 신문보도에 의하면 국내 경제상황의 악화로 많은 기업들이 공장의 해외 이전을 고려하고 있다고 한다. 경제에 문외한인 내가 봐도 예삿일이 아닌 것 같아 적잖이 걱정이 된다. 텔레비전 뉴스에는 연일 노동자들의 시위장면이 등장하고, 호황을 누리던 남대문 시장에 손님이 줄어 화면에 비친 상가 풍경은 썰렁하기만 하다. 이러한 국내의 경제상황을 반영이라도 하듯, 화랑가 역시 호된 시련을 겪고 있는 중이다. 1980년대 중 · 후반, 3저 현상에 힘입은 유례없는 호황에 반짝 특수를 누렸던 미술시장은 그 뒤 하강곡선을 그리기 시작하여 현재까지 이렇다 할 회복 조짐을 보이지 않고 있다. 엎친 데 덮친 격으로 화랑계는 미술품에 대한 종합소득세 과세 문제에 대해 이렇다 할 돌파구를 마련치 못하고 고심하고 있는 참이다. 약 10여 년 전부터 미술품에 대한 양도세 문제로 골머리를 앓아 온 화랑계의 입장에서는 다시 새로운 복병을 만난 셈이다. 불황 때문에 가뜩이나 사기가 땅에 떨어진 판에 세무당국이 주장하는 종합소득세 과세 문제는 고사 직전인 미술시장의 숨통을 아예 졸라매는 격이어서 보기에도 여간 딱하지 않다. "소득이 있는 곳에 세금이 있다"는 조세형평주의의 원칙론을 주장하는 국세청과 우선 미술시장을 살려놓고 봐야한다는 화랑계의 요구가 엇갈리고 있는 것이다.

필자는 여기서 2천만 원 이상 서화 · 골동품의 시세 차익에 대해 세금을 물리겠다는 국세청의 발상이 매우 비현실적인 것임을 지적하고자 한다. 이러한 발상은 우선 그 실효가 의심스러울뿐더러 고객, 작가, 화상을 모두 심리적인 범법자로 만들 소지가 있다. 문제는 법치국가에서 조세형평주의야 백 번 옳은 이야기지만, 일단 입법이 된 뒤에 그것의 실현과정에서 결국은 사문화가 될 소지가 크다는 점에 있다. 이 법의 제도적 정착을 위해서는 화랑의 투명한 공개 경영이 전제돼야 하는데, 지금과 같은 불황에 과연 세금을 꼬박 내고 고가의 미술품을 구입할 고객이 과연 몇이나 되겠는가. 얼마 안가 편법이 등장하거나 아니면 미술시장이 지하로 잠적할 소지가 매우 크다. 보다 중요한 문제는 가뜩이나 얼어붙은 미술시장이 아예 고사해 버릴 위험이 있다는 점이다. 이는 정말 간과해서는 안 될 중요한 문제로 빈대를 잡기 위해 초가삼간을 태우는 과오를 범해서는 안 될 것이다. 물론 화랑계도 자성해야 할 부분이 많다. 시점을 거슬러 올라가면 80

년대 중·후반의 호경기 때 천정부지로 치솟은 그림 값이 빌미를 제공한 것이다. 가령 어떤 작가는 불과 4-5년 사이에 대여섯 배의 호당 가격 상승률을 보였는데, 그것은 화상과 작가의 담합에 의한 것이었다. 호당 천만 원에 육박하는 원로 작가의 그림 값은 일부 몰지각한 화상들의 농간에 의해 형성된 측면이 없지 않다. 당시 그림 값 책정에 대한 그 어떤 합리적인 기준이 있었는가. 당시의 화랑계는 국내시장의 그림 값이 국제시장에 그대로 통용될 수 없는 현실을 간과했던 것이다. 그 부메랑은 얼마 안 있어 국내 경기가 침체되자 그대로 화랑계로 되돌아 왔다. 그림 값을 올리지도 내리지도 못하는 어정쩡한 상태로 10여 년 이상의 세월을 지내야 했던 것이다. 따라서 그림 값에 대한 양도세 부과와 최근의 종합소득세 과세 문제는 이미 십 수 년 전에 스스로 빌미를 제공해서 찾아온 부메랑인 셈이다.

그림을 한낱 투기의 수단으로 여기는 고객의 의식도 문제다. 천민자본주의의 소산인 미술품의 투기꾼들에게서는 교양의 흔적을 찾아보기 어렵다. 이런 저질의 고객이 존재하는 한 저질의 화상은 이 땅에서 결코 사라지지 않는다. 이 두 부류는 목적하는 바가 돈이라는 점에서 일치하기 때문이다. 악화가 양화를 구축하는 그레샴의 법칙이 통용되는 곳이 바로 화랑계인 것이다. 주식에 투자하는 투자자는 하루 종일 객장에서 살다시피 한다. 꾸준히 정보를 수집하고 시황을 예측하여 마땅한 투자처를 찾는다. 나름대로 경제에 관한 공부도 열심히 한다. 재미있는 것은 주식 값이 떨어졌으니 물려달라고 보채는 투자자는 없다는 점이다. 그런데 왜 미술품의 고객은 그림 값이 떨어졌으니 물려달라고 떼를 쓰는 걸까. 이렇게 유치한 고객은 미술시장에 나올 자격이 없다. 기본이 안 돼 있기 때문이다. 미술품은 단순한 경제적 재화가 아니다. 그것은 삶의 질을 재는 척도이자 인간의 정신을 살찌우는 문화재다. 미술품에 대해 올바른 태도를 지닌 고객은 자신의 취미를 위해 과감히 시간과 돈을 투자한다. 관심이 있는 작가에 대해 끊임없이 연구하고 좋은 작품을 감상해 미술품에 대한 안목을 키운다. 미술사나 미학, 미술비평 등 미술이론에 관한 연구도 게을리하지 않는다. 이런 고객은 화상을 탓하는 법이 결코 없다. 주체적인 안목을 가지고 성숙한 투자를 하기 때문이다. 성숙한 투자는 재산의 사회에 대한 환원으로 아름답게 결론을 맺는다. 사설미술관의 설립이 그것이다. 성숙한 투자자의 그러한 성숙한 행위는 우리 사회가 천민자본주의에서 벗어나 성숙한 사회로 가고 있음을 말해주는 징표이다. 정리하자면, 성숙한 고객은 성숙한 화상을 낳고 성숙한 화상은 통찰력 있는 관료를 낳는다. 아아, 과연 우리는 언제쯤 천박한 천민자본주의의 그늘에서 벗어날 수 있을까. 그 날은 진정 어디 메쯤 오고 있는 것일까.

〈미술평단〉

감시와 일상

황주리의 그림은 내게 늘 이야기를 건넨다. 그래서 그녀의 작품을 볼 때마다 나는 삶의 희열을 느끼곤 한다. 그것은 타인의 삶을 들여다보는 재미에서 비롯된다. 아하, 이런 일이 있을 수 있겠구나, 어어, 이런…… 이렇게 그림을 보는 재미에 푹 빠져있는 순간은, 내게 있어서 만사를 잊을 수 있는 행복한 순간이다.

그림은 동영상으로 이루어진 영화와 달리 화면을 가득 채운 붙박이 이미지들로 이루어진다. 그렇기 때문에 황주리의 그림 스타일처럼 여러 장면들이 옴니버스 형식으로 연결된 장면과 장면 사이에는 상상적 공간이 가로놓여 있다. 그 '공간'에 대한 상상은 전적으로 관람자의 몫이다. 가령, 1993년 작품인 〈그대 안의 풍경〉(캔버스에 혼합재료, 280x210cm)은 수 십여 개의 장면들로 이루어져 있는데, 이 장면 속의 사건들은 서로 독립돼 있다. 일상적 단편들의 모음이라고 할 수 있는 이 사건들은 모두 작가의 기억에서 온 것들이다. 그녀의 작품들 중에서 주목을 받은 것으로 〈추억제〉 연작이 있는데, 〈그대 안의 풍경〉은 이 연작의 연장선상에 서 있다.

작가는 이 작품 속의 이미지들을 '그대 안의' 라는 말로 타자화하고 있다. '내 안의 풍경' 이 아닌, 어디까지나 '그대 안의 풍경' 인 것이다. 여기서 눈여겨 봐야 할 것은 화려한 원색으로 채워진 이 그림에 나타나고 있는 수십 개의 눈들이다. 그리고 이 눈은 모두 정면을 향하고 있다는 점에서 공통적이다. 그래서 이 그림을 감상하는 관람자들은 때로 소스라치게 놀라는 수가 있다. 뚫어지게 쳐다보는 듯한 시선의 강렬한 느낌 때문이다. 우리의 일상을 감시하는 듯한 시선들-'감시' 하면 우선 푸코의 명저 '감시와 처벌' 이 연상되겠지만, 그보다 먼저 벤담이 설계한 원형감옥인 파놉티콘이 떠오른다. 죄수를 교화할 목적으로 설계된 이 건물의 특징은 우선 중앙을 어둡게 하여 관찰자의 위치를 드러내지 않고 죄수들의 동태를 관찰할 수 있다는 점에 있다. 남이 나를 관찰하고 있다는 이 사실은 죄수들로 하여금 스스로를 옥죄고 감시하게 하는 무언의 규율로 작용하게 된다. 이 감시의 내면화는 현대의 전자정보화 시스템을 통해 점차 사회적으로 번져나갔다. 푸코는 이 가공할 현대사회의 규율체제를 파놉티시즘이란 용어를 통해 비판한 바 있다.

현대인은 일상을 통해 보이지 않는 시선에 의해 감시당하고 있다. 은행에서, 직장에서, 백화점에서, 공항에서, 심지어는 가장 사적인 공간인 호텔이나 여관의 객실에서조차 CCTV나 몰래 카메라에 의해 감시당한다. 이 가공할 프라이버시의 침해 앞에 개인은 무력할 뿐이다.

황주리의 〈그대 안의 풍경〉은 제목이 주는 낭만적 어감에도 불구하고 해석하기에 따라서는 이처럼 스산한 느낌을 발산한다. 그것은 우리의 일상을 감시하는 듯한 그림 속의 시선들로부터 비롯된다. 표면적인 화려함과 내면적인 스산함, 이 양립할 수 없는 두 세계가 〈그대 안의 풍경〉을 떠받치는 두 축이 아닌가 한다. 〈들숨날숨〉

▲ 갤러리 현대에서 열린 황주리의 개인전 전시장에서 작가 황주리씨와 함께(2010)

토속적인 그림의 멋

아아, 담양! 대나무와 죽제품으로 유명한 남도의 명소인 담양. 그곳의 수북면 궁산리 한적한 들판에 이 시대의 화가 박문종이 살고 있다. 작업실 바로 앞에는 실개천이 흐르고 있으며, 뒤로는 들녘 저편으로 병풍산이 병풍처럼 우뚝 서서 푸른 자태를 뽐내고 있다.

그 어느 해 여름이던가, 매미들이 신명나게 울어대는 숲을 지나 작업실에 도착한 우리 일행은 실개천 다리 아래서 천렵을 즐긴 적이 있다. 맑은 물이 흐르는 개천에는 1급수에만 산다는 버들치를 비롯하여 중태기, 징검새우, 피라미, 동사리, 붕어 등등이 지천으로 널려 있고, 장맛비에 불어 수량이 풍부한 물은 멱을 감기에 안성맞춤이었다. 대학원 제자들이 중심이 된 우리 일행은 그곳에서 해가 질 녘까지 천렵과 즉흥 그림 그리기, 그리고 시회(詩會)를 즐겼다. 아아, 그때 주흥이 도도해지면서 벌어졌던 우발적인 해프닝과 재치를 어찌 이 짧은 글 속에 다 소개하랴! 다만 다리 아래에 펴놓은 넓적한 평상에 질펀한 술자리를 마련한 박문종은 타고난 예인의 끼에 뛰어난 문재(文才)를 아울러 지닌, 이 시대에 주목해야 할 화가 중의 한 사람임을 밝혀두고자 한다.

박문종 작업의 요체는 대상을 바라보는 우리의 시선에 있다. 여기서 우리의 시선이란 우리 식으로 세계를 바라보는 일을 가리킨다. 서양인들처럼 대상을 원근법적으로 보는 것이 아니라, 다수의 시선을 지닌 비합리적인 체계로 세계를 보는 것을 뜻한다. 그것을 일러 다시점법(多視點法)이라 하자.

기독교가 중심이 된 서양의 시선이 유일신적 가치관을 담고 있다면, 우리의 전통적인 시선은 다신관(多神觀)의 결과물이다. 이러한 신관은 우리나라의 각 지역마다 각종 산신을 비롯하여 다양한 조상신을 지니고 있는 데서 기인한다. 민화에서 흔히 보이는 평면적인 느낌과 여럿의 시점은 이러한 신관에서 비롯된 것이라 할 수 있다. 이러한 우리의 고유한 시선이 깨어지게 된 것은 근대화 이후 서양의 문물이 들어오면서부터이다. 태서법(泰西法)이라고 부르는 음영법의 소개와 함께 서양의 원근법이 도입되면서 우리 고유의 시점(視點)이 교란되기에 이른 것이다. 구한말의 책거리 병풍에는 당시의 화공들이 느꼈을 시점의 혼선이 잘 나타나 있다.

박문종은 주체적인 입장에서 우리 고유의 시선을 살리고자 노력하는 화가이다. 그의 〈농경도〉 연작을 비롯하여 〈평전들〉 연작, 〈우후

평전(雨後平田)〉 연작 등등에는 세계를 바라보는 우리네의 넉넉하면서도 무심한 시선이 담겨있다. 그것은 근본적으로 농경문화의 소산이다. 원근법이 수탈과 지배의 역사로 얼룩진 서양 제국주의의 소산이라면, 여러 개의 시선에 평면적인 느낌을 주는 우리의 전통적인 그림 표현법은 들판에서 농사를 지으며 살아 온 우리 조상들의 세계관이 반영된 결과물이다. 박문종은 이러한 사정의 핵심을 잘 간파하고 있는 몇몇 작가 중의 한사람이다. 그래서 그의 작업은 매우 큰 의미를 지니고 있고, 이것이 그가 주목받아야 할 이유인 것이다.

〈들숨날숨〉

▲ 한 여름의 망중한, 천렵을 즐기던 순간. 왼쪽부터 국호근(사업), 권승찬(작가), 박문종(화가), 필자, 구만채(화가), 문정호(화가), 손정철(화가). 제씨 뒤에 보이는 사진은 정해남씨의 작품이다.

풍자적인, 그러나 너무나 인간적인

“예술은 한 시대와 모든 시대의 양식상의 관용적 표현에 불응하는 것으로부터 발생한다. 진정한 예술가는 표현에 있어 남과 다른 방식을 필요로 하고 어떤 면에서 예술가의 가치는 비동조성이나 반항성과 직접적인 관련을 가지고 있다. 그렇기 때문에 예술은 영속적 혁명의 상황에 위치할 수 있다.”

콜롬비아 출신의 작가 보테로의 말이다. 페르난도 보테로 앵글로(1932-)는 콜롬비아의 메델린에서 3형제 중 둘째로 태어났다. 부친인 다비드 보테로는 콜롬비아의 험준한 산악지역을 조랑말로 행상을 하는 떠돌이 상인이었으며, 페르난도가 네 살 때 사망했다. 빈한한 가정 출신인 페르난도 보테로에게 그림을 그릴 수 있는 환경은 처음부터 주어지지 않았다. 20마일이나 가야 겨우 볼 수 있는 큰 도로, 그것은 외부세계와의 단절을 의미하는 것이었다. 숙부의 권유로 투우사 양성학교에 들어가 한때 투우사가 될 것을 꿈꾸기도 한 그는 열일곱 살 때 2점의 수채화를 메델린의 미술연구소가 주최한 한 그룹전에 출품한 것이 계기가 되어 미술에 관심을 갖게 된다. 그는 지방 유력지 '엘 콜롬비아노'의 일요판에 삽화를 그리기 시작, 이 무렵부터 디에고 리베라, 시케이로스, 호세 클레멘테 오로스코와 같은 멕시코의 정상급 화가들의 작품을 연구하게 된다.

서두에 인용한 보테로의 말에서 알 수 있는 것처럼, 한 작가의 개성적인 스타일은 기존의 양식에 대한 거부에서 나온다. 남과 다르지 않으면 안 된다는 투철한 의식이 자기만의 스타일을 낳는 원천인 것이다. 보테로 그림의 트레이드마크가 되어버린, 풍선처럼 부풀어 오른 인체의 모습은 유머러스하고 낭만적인 스페인의 혈통에서 연유한다. 그의 그림은 익살맞을 뿐만 아니라, 때로는 '숨은그림찾기' 처럼 은밀하기조차 하다. 풍자와 해학이 철철 넘치는 그의 인물화는 그러나 그 이면에 인간적인 진한 페이소스를 담고 있다. 그의 그림은 단순히 유머러스하고 풍자적인 데서 그치는 것이 아니라, 인간의 가슴 밑바닥에 가라앉아 있는 고독과 우수의 감정을 한결 고양된 미적 가치로 승화시킬 줄 아는 작가의 뛰어난 재능을 보여준다.

보테로의 작품 스타일에서 가장 특징적인 것은 뚱뚱한 몸매와 눈이다. 특히 눈, 코, 입이 가운데로 몰린 얼굴의 표정은 그의 인물화를 해학적으로 보이게 만드는 요인이다. 그는 특히 눈의 묘사에 심혈을 기울이고 있다. 그의 〈모나리자 12세〉(1961년 작)을 뉴욕근대미술관

(MoMA)이 구입했을 때, “호의를 가지지 않으면 누가 이 불안을 부르는 듯한 작품을 볼 수 있을 것인가”라고 한 알프레드 바 주니어의 글에 대해 “그림을 그리고 있는 동안 나는 중요한 것은 ‘미소’가 아니라 ‘눈’이라는 것을 발견했다”고 한 말에서 눈에 기울이는 그의 애정을 알 수 있다. 〈들숨날숨〉

마음속의 풍경

구름이 허리에 걸려있는 산을 멀리서 바라보며 우리는 한 폭의 동양화 같다고 말한다. 한바탕 여름철의 소낙비라도 가신 뒤라면 푸른 숲과 흰 구름, 그리고 안개는 서로 짙푸름과 흼을 시샘하듯 강렬한 대조로 한 폭의 아름다운 그림을 연출한다. 우리는 그러한 풍경을 바라보며 서양화를 연상하지 않는다. 확실한 원근과 음영법으로 대상을 캔버스에 가득 담아낸 서양화보다는 적당히 여백을 살린 한 폭의 산수화가 더욱 우리의 마음에 다가오는 까닭에서다.

이강소의 그림을 바라볼 때마다 나는 한 폭의 수묵화를 연상하곤 한다. 그의 그림은 분명 캔버스에 아크릴 칼라로 그렸으되, 그가 대상을 표현하는 방식이 수묵화의 정신에 가깝기 때문이다. 그는 마음속에 자리 잡고 있는 대상을 그린다. 그 언젠가 스치듯이 봤던 산의 이미지, 강의 느낌, 집의 모습이 마음속에 자리 잡고 있다가 소재로 떠오르게 되는 것이다. 그는 물을 발라 축축한 캔버스 표면에 산과 강, 집, 배, 오리 등등을 아주 빠른 속도로 미끄러지듯이 그려낸다. 그의 작품 제작에서 이 속도감은 매우 중요한 요소다. 왜냐하면 그는 바탕에 스케치를 하지 않고 직접 그림을 그리기 때문이다. 그래서 그의 그림은 실패할 확률이 매우 높다. 그린 그림이 마음에 들지 않으면 그는 그 자리에서 지우고 그 위에 다시 그림을 그린다. 그림을 지울 땐 흰색 아크릴 칼라를 사용하여 여러 번 반복해서 지운다. 그래서 그의 캔버스 중 어떤 것은 매우 두꺼운 표면을 지니고 있다.

개칠을 하지 않는 것도 이강소 회화의 특징 가운데 하나다. 선을 두 번 반복해서 긋지 않는 것은 서예의 법도(書法)에 가장 충실한 것이며, 이는 일필휘지 정신이 갖고 있는 기운생동(氣韻生動)의 호방한 성격을 그대로 드러내기 때문이다. 그의 작품이 그 자체로 서예는 아니지만, 한국의 화가가 동양의 정신을 이어받아 작업을 한다는 것은 정체성 문제와 관련하여 매우 중요한 일이기 때문이다. 그의 이러한 태도는 '아시아의 회화' 정신과 깊은 관련이 있다. 그가 말하는 '아시아의 회화'란 무엇인가. 그것은 궁극적으로 서양의 회화에 없는 요소를 우리의 회화전통 속에서 찾아내 서로 보완하는 문제를 가리킨다. 겸재 정선이 중국적 전통을 탈피하여 한국의 진경을 그리고자 했던 것처럼, 이강소는 서양의 영향권 아래 있는 한국 현대회화의 문제를 아시아적 전통 속에서 풀어가고자 하는 것이다.

이강소의 그림 중 어떤 것은 간단한 선 한 두 개로 표현돼 있다. 그것이 산을 표현한 작품이라는 것을 아는데 별로 오랜 시간이 걸리지 않는다. 그 아래에 집이 한 채 있고, 그런가 하면 배나 오리도 있다. 이 풍경들은 그것을 그린 작가의 마음, 혹은 그것을 바라보는 관객의 마음 어느 한 구석에 있는 것들이다. 그래서 그의 풍경 속의 산이나 배, 혹은 집들은 구체적인 대상이 아니어도 좋은 것이다. 〈들숨날숨〉

▲ 이강소 작 From an Island-01021, 259×194cm, Oil on canvas, 2001

자연에의 귀의

한지는 그 자체의 특수한 성질로 인하여 일찍이 많은 작가들로부터 각광을 받아왔다. 우리의 현대미술사에서 보자면 1970년대부터 한지에 대한 탐구가 몇몇 작가들을 중심으로 이루어져 왔다. 원로 작가인 권영우는 화선지를 찢거나 뚫는 행위를 통해 일련의 조형적 실험을 전개한 이 분야의 선구자다. 또한 비록 작품 활동을 그친 지 오래되긴 했지만, 송정기 역시 얇은 한지를 이용하여 설치 작업을 시도했던 작가 중 한 사람이다. 그는 가는 철사로 책상이나 의자의 골격을 만든 다음, 그 위에 한지를 입혀 시간의 흐름을 표현했다.

우리의 미술계에서 한지의 사용이 보다 폭넓게 확산되기 시작한 것은 1980년대 중반 무렵부터다. 많은 작가들이 한지가 지닌 풍부한 물성에 매료되기 시작했던 것이다. 한지는 질기면서도 부드럽고, 또한 물에 풀면 성형이 자유로운 특성 때문에 다양한 아이디어를 지닌

▲ 박철 작 Ensemble 9-1, 173×140cm, Korean Paper, Natural Dyes, 2009

작가들이 이를 이용하기 시작했다. 그래서 나중에는 '한지작가' 라는 말이 등장하게 되었고, 이들이 모여 '한지작가협회' 를 결성하기도 했다.

박철은 한지작가 중에서도 중심적인 인물이다. 그는 비록 연배는 최창홍, 함섭, 한영섭 등등 원로 한지 작가에 비해 아래 세대에 속하지만, 그만의 독특한 조형 방식으로 인하여 일찍이 대표적인 한지작

▲ 박철 작 Ensemble 9-43, 134×166cm, Korean Paper, Natural Dyes, 2009

가 중 한 사람으로 인정받아 왔다. 일종의 한지 부조회화가 바로 그것이다. 그의 부조회화가 시작된 것은 1980년대 후반이다. 당시 그는 안동댐 건설로 인하여 수몰될 위기에 처한 시골 마을을 자주 찾아가곤 했는데, 주민들이 버리고 간 맷방석이나 멍석, 문짝, 기와 따위에 관심을 가지게 되었다. 그는 이런 물건들을 작업실에 가지고 와 작품에 활용하기 시작했다. 지금까지 지속되고 있는 박철의 부조 작업은 이때부터 비롯된 것이니, 어언 20여 년의 성상을 헤아린다.

90년대 초반에서 중반에 이르는 기간에 박철은 바이올린과 맷방석, 와당의 이미지를 하나의 화면에 조화시키는 작업에 관심을 기울였다. 서양악기의 하나인 바이올린이 지닌 날렵한 형태미와 맷방석의 투박하나 정감이 있는 자태를 결합시키고자 했던 것이다. 서로 다른 문화권에서 잉태된 이질적인 조형미의 대비를 통하여 또 다른 미적 가능성을 열어가고자 했던 것으로 짐작된다. 전업작가로서 박철이 한지에 기울인 정성과 탐구 의욕은 지난 20여 년 간에 걸쳐 제작한 작품에 고스란히 담겨 있는데, 부조 기법을 통한 다양한 소재와 재료의 변용은 그의 작품을 매우 개성적인 것으로 만든 주 요인이다.

최근에 열린 두 차례의 개인전(포스코미술관, 닥터박 갤러리)을 통해 박철은 새로운 시도를 보여준 바 있다. 이제까지 사용해 온 아크릴 칼라를 버리고 전통 염색에서 사용하는 천연의 염료를 사용한 것이다. 그는 "한지가 늑슬고 있다"는 전제하에 오배자, 빈낭, 정향, 도토리, 밤, 쑥, 소목, 홍화, 황백과 같은 천연의 염색재료를 조색에 사용하고 있다. 그의 이러한 친환경적 태도는 이른바 웰빙시대에 걸맞는 것이어서 더욱 시선을 끌 것으로 기대된다. 이와 더불어 그의 작품이 주목되는 또 하나의 이유는 스스로 그러한 '자연'의 상태를 동경하는 데 있다. 기계문명이 진행될수록 인간의 마음은 자연을 동경하게 되는데, "생성과 소멸"에 바탕을 둔 박철의 한지작품은 우리의 마음을 자연으로 향하게 하는 촉매의 역할을 하고 있는 것이다.

강국진 회화의 뿌리에 대하여

얼마 전에 《〈실험미술가 강국진의 삶과 예술〉》이란 제목으로 열린 학술세미나에 참가하기 위해 경남도립미술관에 다녀왔다. 이 세미나는 경남도립미술관이 주최한 [강국진 회고전]의 부대행사로 마련한 것이다. 정확한 타이틀은 〈역사의 빛 : 회화의 장벽을 넘어서〉. 그러니까 이 전시회는 경남 진주 출신인 고 강국진(1939-1992)의 화업을 기리는 한편, 지역의 대표적인 미술기관인 경남도립미술관이 이 지역에 연고를 둔 작가를 조명하기 위한 시리즈의 일환인 셈이다. 그러나 회고전 성격을 띤, 회화 중심의 대규모 전시회였음에도 불구하고 정작 세미나에서는 회화에 대한 조명이 불충분했기 때문에 일말의 아쉬움이 느껴졌다. 세미나는 모두 3부로 구성되었는데, 1) 강국진의 삶을 중심으로 한 예술 개관(이성석 : 경남도립미술관 학예연구팀장), 2) 강국진 : 언더그라운드 예술의 힘(김미경 : 미술사가, 강남대

교수), 3) 강국진의 오브제와 해프닝의 비평적 의의(필자) 등등이다.

이 세미나의 발제문은 지면 사정상 생략하고자 한다. 그러나 그의 회화에 대한 약간의 스케치가 필요할 듯 싶다. 그 이유는 흔히 행위예술의 선구자 중 한 사람으로 알려진 고인이지만, 그의 화력 중 대부분을 차지하는 것은 해프닝보다는 회화이기 때문이다. 비평적 엄밀성을 가지고 말하자면, 그의 회화는 이제 서서히 연구해 가야할 비평의 대상인 것이다. 그것은 통시적 혹은 공시적으로 크로스 체크되어야 할 뿐만 아니라, 과대평가되었다면 군살을 빼야 것이고, 만일 과소평가되었다면 정당하게 원위치 해야 마땅할 사안이다. 그래서 작가는 죽어서도 고독한 존재란 말이 나온다.

생전에 화려하게 장정된 화집을 여러 권 출판하는 것이 요즈음의 세태라고 한다면, 강국진은 사후에 단 한 권의 화집이 발행되었다. 미망인에 의해 발행된 이 화집은 해프닝을 비롯하여 오브제 및 설치작품, 그리고 회화와 판화를 망라한 강국진 예술에 관한 최초의 종합자료집이라고 할 수 있다. 그러나 수록된 글의 대부분이 친지 및 지인들이 쓴 회고의 글이 중심을 이루고 있어서 미술사나 비평을 위한 자료집으로서는 충분치 못한 일면이 있다. 그나마 이 화집에는 전문비평가에 의한 세 편의 평문이 실려 강국진의 작품 세계에 대한 이해를 돕고 있는데, 수록된 비평문은 다음과 같다. 1) 초기 강국진의 작가적 면모와 활동(1965-1974) : 오광수, 2) 80-90년대의 강국진, 마감기의 예술혼 : 김복영, 3) 강국진을 추모함 : 유준상. 이 세 글 중에서 본격적으로 회화를 다룬 것은 두 번째인 김복영의 글이다.

화집에 수록된 작품의 연대를 토대로 할 때, 선과 점을 토대로 한 강국진의 회화가 처음으로 등장한 것은 1975년 무렵이었다. 그러나 그 연원을 거슬러 올라가면 1973년의 골판지 구성 작품과 만나게 되고, 더 올라가면 그 발상의 뿌리를 1965년, 〈논꼴〉 동인 시절에서 찾을 수 있다. 다음과 같은 작가 노트 속의 기술이 바로 그것.

"내 작품의 대상은 무한한 내재적 심경에서 출발한다. 감정은 내면적 필연의 욕구적 소산이다. 나의 특유한 감정을 표현한다는 것은 내 정신의 직시된 상황에서만 가능하다. 강한 선, 가열된 바탕, 부정의 세계를 뚫고 폭발하는 무수한 기호형에서 오는 직열된 감정, 이것이 나의 캔버스 위에서 표현되고 구축되어야 할 것이다."

이 작업노트 속의 일부 구절을 참고할 때, 선이나 기호에 대한 발상의 맹아가 1965년 무렵에 이미 싹트고 있었다는 사실을 유추할 수 있다. 그러나 그것이 과연 구체적으로 무엇이었는가 하는 것은 현존하는 몇 점의 추상화로 밝혀내기에는 어려움이 따른다. 자칫하면 견강부회가 될 위험이 있기 때문이다. 알다시피 회화 중심의 〈논꼴〉 활동이 있던 1965년과 해프닝과 오브제 설치작업에 주력하던 1967-1973년, 그리고 다시 선과 점 중심의 작업이 이루어지던 1975년 사이에는 심연이 가로놓여 있다. 여기서 한국 현대미술사를 살펴볼 때 1970년대 초중반은 이미 선과 점을 테마로 한 추상화 작품들이 쏟아져 나오던 시기다. 그렇다면 강국진 회화의 미적 독창성은 과연 어디서 찾을 수 있을 것인가? 나는 이번 회고전을 둘러보면서 1970년대 중반, 강국진의 초기 선과 점 작업에서 수작(秀作)을 몇 점 발견했다. 미망인의 귀 뜸에 의하면 그가 남긴 작품은 1700여 점에 달한다고 한다. 그에 대한 후속 연구가 아쉬운 시점이다. 〈미술평단〉

▲ 강국진, 정찬승, 정강자 등이 벌인 해프닝 〈한강변의 타살〉 장면들

국제화시대와
지역미술관의 활로 모색

'Facebook'이나 'Twitter'와 같은 '사회적 관계망(social networking)'을 사용하는 사람들은 잘 알고 있듯이, 작금의 사회는 '세계화'의 흐름에 급격히 편승하고 있다. 개인은 빠르게 변모하는 시대의 흐름에 동참하지 않고는 도태될 수밖에 없다는 강박관념에 시달리고 있으며, 이 점은 양상은 다를지라도 지역사회나 국가 역시 대동소이하다. 부단히 변하는 시간의 좌표(x축)와 공간의 좌표(y축)의 교차점에 서서 자신의 위치를 늘 확인하고 수정해야 하는 것이 오늘을 살아가는 개인이나 집단의 운명인 것이다.

중대한 운명의 결정을 신탁(神託)에 의존해야 했던 고대의 주술사회와는 달리 현대의 개인이나 사회, 국가는 믿을만한 데이터에 의존하여 합리적 판단을 내린다. 그것이 과학적 사고다. 즉 운명을 스스로 개척해야 하는 것이다. 그러나 한편으로 볼 때 눈에 보이지 않는

신의 목소리에 기대지 않고 스스로 내린 결정에 의해 운명을 개척한다는 것은 얼마나 신나는 일인가.

국제화 시대를 맞이하여 지역미술관의 활성화 문제를 생각해 볼 때, 사활은 그래서 더욱 막중하다. 거대한 세계의 판도에서 지역의 미술관은 작전상황판 위에서 명멸하는 작은 불빛에 불과하다. 수십만 개의 불빛 가운에 하나에 불과한 작은 불빛. 그것이 어떻게 생명의 소리를 낼 것인가. 이것이 바로 우리의 초미의 관심사다. 눈에 보이지 않는 신의 목소리를 믿고 우연의 바다에 몸을 맡길 것인가, 아니면 객관적인 데이터에 근거하여 과학적, 합리적, 이성적 판단을 내림으로써 수십만의 다른 불꽃과 경쟁을 하여 이길 것인가.

사실 어떻게 보면 미술관의 운영은 다른 미술관과 싸워 이기기 위해 하는 것은 아니다. 문화나 예술은 체육과 달리 이기고 지는 것이 분명하지 않다. 무엇을 근거로 판단을 내릴 것인가. 월드컵 축구는 골의 득실에 의해 승패가 갈라지지만, 미술관끼리의 경쟁은 세계적인 걸작이 한 점 더 있다고 해서 이기는 것은 아니기 때문이다. 그것이 문화와 예술이 운동경기와 다른 점이다. 한국이 운동경기에 열중하고 국가적 관심사로 체육을 중시하는 것은 이 같은 경쟁의식의 소치다. 단기간에 국가를 홍보하고 국력을 자랑하기에는 체육만큼 안성맞춤의 것이 없기 때문이다. 그런 와중에서 문화와 예술은 늘 아우성의 뒷전에 머무르고 만다. 과연 언제까지 그럴 것인가.

거두절미하고 지역미술관, 과연 무엇이 문제인가. 1991년 지방자치제의 부활이후 전국의 각도와 광역시에서 미술관을 열었지만, 과연 이것들을 국제적인 수준의 미술관이라고 부를 수 있는 것인가. 운영이나 소장품, 그리고 교육의 질에 있어서 국제적인 경쟁력을 갖추고 있다고 말할 수 있는가. 아마도 미술관계자라면 이러한 질문에 손을 들어 찬성을 표할 사람은 없을 것으로 본다.

국제화 시대는 세계화 시대와 흔히 혼동될 수 있는 개념이다. 그러나 '국제화(internationalization)'가 국가와 국가간의 관계 혹은 국제적 표준화에 초점을 두는 반면, '세계화(globalization)'는 지구촌 전체를 대상으로 하고 있다는 점에서 다르다. 문제는 국제화 시대를 살아가면서 동시에 세계화를 추구해야 하는 우리의 입장에 있다. 여기에는 전략적인 문제가 따른다. 왜냐하면 '세계화'의 문제에는 문화적 정체성과 보편성의 문제가 제기되기 때문이다. '지역(local)'이 '세계(global)'로 나아감에 있어서 나의 것을 가꾸고 전파하는 동시에 세계적 보편성의 문제를 동시에 해결하지 않으면 안 된다는 지상과제가 그것이다.

지역미술관은 늘 이 문제를 화두로 삼지 않으면 안 된다. 세계화를 추구하는데 있어서 국제적인 수준을 염두에 두고 문화와 예술을 국제적인 수준으로 끌어올리려고 노력할 때 비로소 지역미술관은 그 사명을 다한다고 할 수 있다. 이 과정에서 만일 지역적인 것을 세계적인 것으로 착각하고 고집을 부린다거나 근시안적인 안목으로 미술관을 운영한다면 국제화는커녕 세계화는 공염불에 그치고 말 것이다.

여기서 문제가 되는 것이 미술관의 최고 운영자인 관장의 자격이다. 최근에 국내에서 문제가 되고 있는 비미술인과 작가들의 국공립 미술관장 직의 취임은 국제경쟁력을 현저히 저해한다는 점에서 간과해서는 안 될 것이다. 더욱이나 안타까운 것은 미술관장 직이 점차 퇴직 교수들을 위한 자리가 되고 있는 현실이다. 물론 그 중에 전문적인 식견과 안목을 갖춘 분들이 없다고는 말할 수 없으나, 미술관의 미래적 전망과 관련해 볼 때 이는 분명 개선돼야 할 점이다. 현재 일부 공립미술관이 연간 전시일수의 상당 부분을 민간업체가 주도하는 블록버스터 전시에 할애하고 있는 현실은 전문성과 관련해 볼 때 그냥 지나쳐서는 안 될 만큼 심각한 지경에 이르렀다고 판단된다.

비근한 사례이지만 생각 없이 저지르는 이러한 일들이 지역미술관의 국제경쟁력을 가로막는 요인들이다. 미술관은 전시기획, 작품의 수집과 보존, 교육에 있어서 전문성을 추구하지 않으면 안 되는 곳이다. 인체에 비유하면 두뇌에 해당하는 미술관이 전문적인 지식과 판단력이 없는 관장에 의해 휘둘릴 때 그 신체가 정상적으로 성장하지 못할 것은 자명한 사실이 아닌가.

국제화내지는 세계화는 하루아침에 이루어지지 않는다. 최근에 미국을 비롯한 선진국에서도 미술관에 경영인을 영입하는 사례가 있었으나, 그런 미술관이 문제점에 봉착한 것은 얼마 전 Facebook을 달군 쟁점에서 잘 드러나 있다. 이른바 스타 만들기와 관련된 공공미술관의 뒷거래 설과 같은 다소 미심쩍은 사례들은 오늘의 미술관이 얼마나 상업 시스템과 연루돼 있는가 하는 사실을 말해준다.

역설 같지만 지역미술관의 활성화 방안은 우선 적합한 인재의 등용에서 비롯되어야 한다. 전시기획, 연구, 작품의 수집 및 보존, 교육 등 미술관의 각 부서에 적합한 전문 인력을 배치하고 풍부한 예산과 활동 여건을 보장해 줄 때 지역미술관의 활성화는 서서히 기지개를 켜게 될 것이다. 이 문제는 자치단체장을 비롯한 지역 의회의 역할과 관련되는 정치적인 사안이기에 이 분들에게 분명하게 건의한다.

또 한 가지 거론해야 할 것은 특색 없는 미술관의 운영이다. 물론 대다수의 지역미술관들이 지역내지는 지역 출신의 미술인들을 조명하는 전시를 여는 등 지역미술에 기여하고 있으나 그것을 지역미술관의 특징이라고 말 할 수는 없다. 그것은 거꾸로 이야기하면 지역이기주의에 발이 묶여 올바른 연구와 전시기획을 저해하는 암적인 요인이라고 할 수도 있다. 여기서 한 가지 지적하고 싶은 것은 미술관의 비개방적인 태도다. 가령, '초빙 큐레이터' 제도의 도입은 매우 시급한 사안임에도 불구하고 제대로 시행되고 있지 않은데 이는 국가적인 차원에서 봐도 인력의 손실이 아닐 수 없다. 전시의 내용에 따라 미술관 밖에 적합한 전문가가 있다면 기꺼이 영입하는 개방적 태도야말로 미술관의 대외 경쟁력을 높일 수 있는 방법인 것이다.

제주도는 국제적인 관광지역으로서 수준높은 문화 인프라의 구축을 위해서는 제주도립미술관이 주도하는 세계적인 프로그램을 조만간 제시해야 할 것이다. 그것이 어떤 형태의 것이든 간에 주도면밀하게 준비하여 제주를 단순히 관광이 아닌 문화예술의 중심거점으로 자리매김하기 위한 교두보로 삼아야 할 것이다.

〈제주도립미술관 주최 세미나 발제문, 2010〉

현실 혹은 가상? 나의 페이스북 (Facebook) 체험기

1. 꿈이냐, 생시냐?

장자의 제물론(齊物論)에 나오는 호접몽(胡蝶夢)의 고사는 미디어 아트와 관련해서 흥미있는 관점을 제공해 준다. 하루는 장주(莊周)가 꿈을 꿨는데, 자신이 나비가 돼 훨훨 날아다니는 것이 아닌가? 잠에서 깨어난 그는 이상한 생각이 들어 이렇게 물었다. 장주가 나비의 꿈을 꾼 것인가, 아니면 나비가 장주의 꿈을 꾼 것인가. 다시 말하면 꿈속의 나비가 원래 나인가, 여기에 이렇게 있는 내가 진짜 나인가 하는 존재의 정체성에 대한 의문이 든 것이다.[1)]

그런데 얼마 전에 이와는 성격이 좀 다른 끔찍한 일이 실제로 벌어져 사람들을 놀라게 했다. 게임에 빠진 20대의 젊은 부부가 사이버 상의 아기를 키우는 일에 재미를 붙인 나머지 4개월짜리 아기를 굶겨 죽인 사건이 발생한 것이다.

컴퓨터 게임에서의 '몰입(absorption)'은 때로 이처럼 심각한 사회문제를 불러일으키기도 해서 테크놀로지가 지닌 양면성-잘만 활용하면 약이 되지만 잘못 쓰게 되면 전갈의 독이 되는-을 재고하게 만든다.[2)]

이 젊은 부부의 일화는 인간의 의식에 관한 문제를 제기해 준다. 그리고 재미란 또 무엇인가. 그것은 윤리보다 더 소중한 것일 수 있는가. 사이버 공간이 제공하는 가상의 세계에 빠져 현실을 잊는 현실 아닌 현실. 아마 이 부부도 처음에는 현실이 가상 보다 더 중요했을지도 모른다. 그러나 가상 세계의 재미에 빠져 점차 현실에서 멀어져 갔을 것이다. 눈에 보이지 않는 얇은 투명 막처럼 현실과 가상현실(virtual reality) 사이를 오가는 컴퓨터 게임은 얼마 전에 상영된 제임스 카메론 감독의 '아바타(Avatar)'[3)]를 연상시킨다.

최첨단의 컴퓨터 그래픽 영상기법이 총동원된 이 영화는 가상현실을 대중에게 알리는데 큰 기여를 하였다. '아바타'란 용어의 대중적 전파가 바로 그것이다.

감독인 제임스 카메론은 14년 전부터 이 영화를 구상하였으며, 실제 작업에 착수한 이래 4년의 세월을 쏟아 부었다고 한다. 그는 각 분야의 전문가들로 구성된 자문단을 만들어 영화에 나오는 인물과 배경, 무기 등등에 이르는 세세한 사항들에 관해 토의했으며, 그 결과 가상과 현실을 구별할 수 없을 정도의 리얼리티를 확보할 수 있었다.

이 영화의 경우에서도 알 수 있듯이 여기서 중요한 것은 새로운 미적경험(aesthetic experience)에 관한 것이다. 무엇이 새로운 미적경험을 유발하는가. 새로운 미디어에 의해서다. 새로운 미디어의 등장은 새로운 미적경험의 계기를 이룬다. 회화에서 느끼는 미적경험과 미디어 아트의 그것이 같을 리 없다. 회화가 주로 시각에 의존한다면 어떤 설치작품은 후각과 촉각, 그리고 심지어는 '관객참여(audience participation)'를 통해 미각의 경험을 유도하기도 한다. 퍼포먼스(performance art)는 그 점에서 본다면 아마도 가장 개방적인 매체일 것이다. 퍼포먼스에는 일정한 형식이 없다. 작가의 상상력에 따라 여러 매체를 자유롭게 결합하고 작업의 성격에 따라서는 공간과 시간의 제약을 받지 않는다. 미적경험의 영역에 있어서도 시각은 물론이요, 청각, 촉각, 후각, 미각, 근육운동 감각 등 신체의 전감각에 걸친 미적 경험이 가능하다.

퍼포먼스의 특징 가운데 하나인 관객참여는 필연적으로 '접촉'의 개념을 가져다주었다. 작가와 관객 혹은 관객과 관객간의 신체적 접촉은 예술의 대중적 친밀화와 개방화를 야기하였는데, 이는 미디어 아트에서의 '상호작용(interactive)'과 함께 미적경험의 새로운 전환을 가져왔다.

2. 페이스북(Facebook)과의 만남에서 얻은 색다른 경험들

내가 페이스북에 가입한 것은 작년 9월 무렵이었다. 어느 날 미국의 작가 한 사람으로부터 친구 요청이 와서 응한 것이 계기가 되었다. 처음에는 이와 유사한 몇 번의 제안이 있어서 일일이 응하기 귀찮아 거절을 할까 하다가 승낙을 해서 가입을 하게 되었다. 내 사이트가 만들어져서 핫메일(hotmail) 계정에 저장된 주소록을 이용해 친구 요청(add) 메일을 보냈는데, 그럭저럭 한 50명 정도의 친구들이 모였다. 그러던 중 블로그의 형식을 갖춘 이 소셜 네트워킹에 매력을 느끼게 된 것은 최근 약 한달 동안의 활동을 통해서였다. 이 새로운 형태의 '사회적 관계망(Social Networking)'은 페이스북과 쌍벽을 이루는 '트위터(Twitter)'와 함께 현재 전 세계적으로 확산 중에 있다. 가위(可謂) 통신상의 새로운 패러다임의 변혁이라고도 할 수 있는 이 신매체의 등장은 메시지나 이미지의 실시간 전송을 통해 거리나 국가, 시간, 장소에 관계없이 다중이 소통할 수 있다는 장점이 있다.

내가 페이스북을 통해 색다른 경험을 할 수 있었던 대표적인 경우는 내 생일과 관련된 일화다. 애초에 페이스북에 등록을 할 때 생년월일을 '1955. 4. 3'으로 적었는데, 사실 이는 음력이었다. 괄호 속에 그것이 'lunar calendar'라고 밝혔어야 했는데, 그만 빠뜨리고 말았던 것이다. 그런데 아무튼 생일 이틀 전부터 세계 각국에 산재한 친구들(friends)로부터 생일 축하 메시지가 답지하기 시작했다. 페이스북을 재개한지 약 한달 만에 친구가 급격히 불어 그때는 이미 칠백명을 육박한 상황이었다. 그 중에 한 여자 친구가 꽃다발을, 한 남자 친구가 케이크를 보내왔다. 그 케이크는 이층으로 된 것인데 아래 단은 무지개 색을 띤 것이었다. 친구들에게 답신을 보내던 중 갑자기 재미있는 아이디어가 떠올랐다. 이 친구들에게 한국의 무지개떡을 답례로 보내자. 그래서 구글에서 무지개떡 이미지를 검색하여 그 중에 맛있어 보이는 것 몇 개를 골라 한 세트로 묶어 보냈다. 페이스북에는 담벼락(Wall) 기능이 있는데, 이것이 무엇을 공지하기에는 썩 그만이다. 조선시대 공고문의 일종인 방을 연상시키는 란이다. 그랬더니 금방 몇몇 친구로부터 답신이 왔다. "매우 맛있었어. 냠냠(They were delicious, Yum, Yum),", "고마워요, 진…대단해. 칼로리도 전혀 없고.(Thanks, Jin….this is great, no calories!).

사이버 상에서 벌어진 이 이색적인 미적경험의 예는 'World Wide Web(www)' 으로 대변되는 인터넷을 통해 세계 전역에 흩어져 있는 인류가 만날 수 있는 가능성을 보여준다. 현재 한국어를 포함, 70개의 언어로 서비스되고 있는 페이스북[4]에는 전 세계에 걸쳐 약 4억 명이 가입해 있으며, 한국인은 약 2만 7천명이 가입하고 있어 소셜 네트워킹이 한국에서만은 아직 초기단계에 머물고 있음을 보여준다.

여기서 이 일화를 통해 내가 이야기하고 싶은 것은 사회적 퍼포먼스(Social Performance)에 관한 것이다. 어빙 고프만(Erving Goffman)도 말했듯이, 사회는 하나의 거대한 공연장이며, 그 안에서 벌어지는 일들은 모두 일상적 퍼포먼스다. 일상 공간은 여러 개의 가면이 필요한 일종의 무대이며, 각 개인들은 타인과의 정서적 교류와 상호작용을 통해 일상생활을 영위해 나간다. 또한 오스틴(John

Lanshow Austin)은 화자와 청자 사이에서 발생하는 언어행위를 '수행성(performative)' 개념으로 파악한 바 있다. 언어행위에서는 상황이 매우 중요한데 상황이 소거된 상태에서는 제대로 된 소통이 이루어질 수 없다는 것이다. 나는 그 대표적인 예가 모바일 폰을 이용해 문자를 교환하는 행위라고 생각한다. 예를 들어 지금 신혼의 단꿈에 빠진 신세대 가정의 한 남편이 회사에서 아내에게 다음과 같이 문자를 보내고 있다고 가정해 보자.

남편: "어디"
아내: "집, ㅋㅋ"
남편: "넘 보고 싶다. 자기"
아내: "ㅉㅉ. 나두"
남편: "엄만 가셨구?"
아내: "아니 테레비.."
남편: "그건 내일 온 댓잔아"
아내: "누가 언제? 방에 잇는데..."
남편: "돈 줬어?"
아내: "원래 안 받잔아"
남편: "그럼 굳었네 ㅋㅋ"

위의 대화는 딸이 사는 모습이 궁금하여 딸집에 놀러온 친정어머

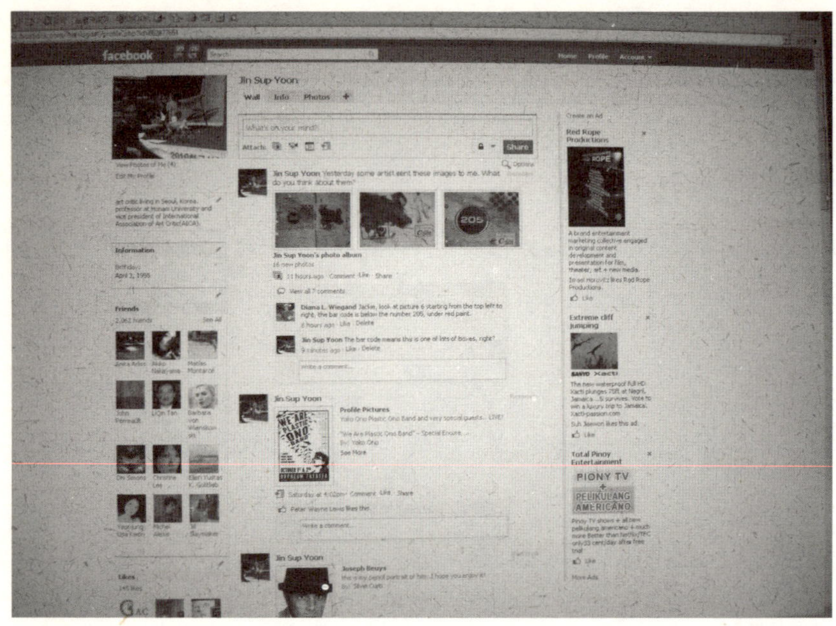

▲ 필자의 페이스북 프로파일 초기화면. 2010년 12월 5일현재 친구 수가 전세계적으로 2천 3백명을 넘어섰다.

니를 두고 부부가 나눈 것이다. 그런데 이 대화만 놓고 보면 시간이 지날수록 무슨 말인지 모르게 된다. 다섯 째 줄까지는 그런대로 이해가 간다. 그런데 문제는 텔레비전이다. 아내는 (엄마가 지금) 텔레비전을 보고 있다는 의미로 문자를 보냈는데, 남편은 고장이 나서 얼마 전에 맡긴 텔레비전이 문뜩 뇌리에 떠오른 것이다. 텔레비전 수리 센터의 사장은 남편의 친구다. 텔레비전은 내일 배달될 예정이었다. 그래서 신랑은 위와 같이 물었고, 대화의 전개는 결국 엉뚱한 방향으로 흐르고 말았다. 이는 언어의 발화행위에서 상황이 무엇보다 중요함을 알려주는 사례가 아닐 수 없다.

페이스북은 원래 친구사이에 정보를 교환할 목적으로 고안된 것이다. 지금도 가장 주된 기능은 역시 정보의 교환과 친교다. 생전에 만난 적이 없는 사람들과 친구가 돼 정보를 교환한다는 것은 올더스 헉슬리의 소설 제목처럼 '멋진 신세계'가 아닐 수 없다. 이 사이버 공간에는 국경이나 피부색의 차이가 존재하지 않는다. 페이스 북의 담벼락은 자신의 생각이나 공유하고 싶은 자료를 연속적으로 올릴 수 있으며, 이에 대한 친구들의 생각이나 의견을 들을 수 있다. 채팅(chatting)과 포스팅(posting), 링크(link)를 통해 자신의 생각을 폭넓게 알릴 수 있게 된 것이다.

이 페이스북이나 트위터 등은 한국에서도 일반적으로 행해지고 있는 인터넷 채팅이 세계적 규모로 확대된 것으로 생각하면 된다. 물론 한국인끼리 한국어를 사용하여 소통을 한다면 그것은 단순히 형식만 갖추고 내용은 바뀌지 않은 형태가 될 것이다. 그러나 현재 페이스북에서 사용 되는 언어 수가 70개에 이르는 점을 염두에 둔다면 가히 세계화의 시대에 접어들었음을 실감할 수 있다. 현재 페이스북의 담벼락은 420자로 제한되고 있는데, 이 숫자는 의견을 개진하기에 충분한 분량은 아니지만, 코멘트를 통해 보완할 수 있기 때문에 120자로 제한하고 있는 '트위터'보다는 편리한 점이 있다. 물론 페이스북의 친구들은 트위터의 '추종자들(followers)'처럼 고정된 대상이 아니기 때문에 결속이나 참여의 면에서는 많이 떨어지는 단점이 있기는 하지만.

페이스북에서 문자에 의한 의사전달은 위에서 사례를 든 것처럼 모바일 폰의 제한된 경우보다 상황을 설명할 수 있는 여지는 더욱 높다. 물론 모바일 폰도 동영상으로 통화를 할 경우에는 상황에 대한 신뢰도가 더욱 높아진다고 할 수 있겠으나, 문자언어가 지닌 한계를 놓고 보면 그렇다.

나는 지난 한 달간 몇 차례에 걸쳐 올린 담벼락의 코멘트를 통해 그때그때 떠오른 다양한 토픽이나 미술계 이슈들에 대한 친구들의 의견을 들을 기회를 가졌다. 선(禪)을 비롯하여 강릉의 경포대를 둘러싼 다섯 개의 달 이야기, 현재 뉴욕의 현대미술관(MoMA)에서 열리고 있는 마리나 아브라모빅(Marina Abramovic)의 퍼포먼스 장면을 공유(share)해서 인도의 한 요기가 행하고 있는 고행과 한국의 선승들이 수행 정진하는 내용을 소개하고 문화적 배경이 다른 세계 친구들의 의견을 듣는 등 매우 흥미있는 경험을 했다. 그 중에서도 미디어 아트에 관한 여러 친구들과의 다양한 의견 교환은 나의 생각을 살찌우는 좋은 기회가 되었다. 그 토론에서 나는 미디어 아트의 현재적 상황을 가리켜 "이제 창조는 사람들의 손가락끝에서 나온다(Now creation comes out from one's fingertips.)."는 말로 요약한 바 있다. 이 발언은 전철이나 공원, 집, 학교 등 그 어떤 곳에서도 아이폰(iphone)이나 스마트폰(Smartphone) 등을 이용하여 이미지를 다운 받거나 변형하거나 생산하는, 그래서 가령 유튜브(Youtube)에 올린 동영상을 다시 페이스북으로 가져와 전파하는 등 일체의 생산/소비/감상/유통/참여 등등의 예술적 활동이 디지털 단말기를 통해 이루어지는 상황을 압축적으로 표현한 것이다. 이는 아방가르드를 다룬 또 다른 토론에서 “오늘날 아이폰이나 컴퓨터 모니터는 일종의 축소된 동굴벽이다.(Nowadays iphone or computer monitor is a kind of minimized cave wall.)” 라고 오늘의 디지털 미디어가 처한 상황을 비유적으로 표현한 것과 일맥상통하는 것이기도 하다.

디지털 매체를 이용한 소셜 네트워킹을 통해 이제 인류는 ‘땅속줄기(rhisome)’ 처럼 사방팔방으로 뻗어나가면서 연결된다. 영화 아바타의 대사 중에 주인공인 제이크가 ”거대한 나무 한 그루가 1조개의 나무들과 연결돼 있다.”는 대목이 나오는데, 이 말은 리좀을 연상시킨다. 손끝에서 손끝으로, 사이버 상에서의 연결은 현실과 가상의 세계를 넘나들면서 영역을 확장해 나간다. 선사인들의 동굴에서의 삶은 제의(ritual)를 통한 환상의 세계와 생존이 위협을 받는 절박한 현실이 결합된 삶의 한 축도이다. 그들은 동굴 벽에 죽여야 할 대상인 소들을 그리고 거기에 창을 꽂음으로써 소를 실제로 죽인 것으로 믿었다. 이성으로 무장한 근대인(modern man)은 상징과 신화, 설화를 죽인 장본인이다. 문명의 장구한 진보의 결과물인 종이는 이제[5] 인간의 상상력을 만화의 작은 칸막이 속에 가둔다. 어린이나 원시인은 팔이 잘린 만화의 컷을 보면 실제로 팔이 잘린 것으로 믿는다. 이는 선사인들이 동굴 벽에 소의 모습을 누대(累代)에 걸쳐 겹쳐 그린 것과 매우 대조적이다.

나는 '동문서답(東問西答)' 처럼 상상력이 살아 숨쉬는 것이 없다고 생각한다. 거기에 상상의 공간이 있다. 이오네스코의 부조리극처럼, 선승(禪僧)이 던지는 법어(法語)처럼, 한 마디의 말이 진리의 경지를 보여준다. 가령, 위에서 예로 든 젊은 부부간의 대화를 논리적으로 다시 풀어보자. 그러면 대략 다음과 같이 될 것이다.

남편: "지금 어디에 있어?"
아내: "집에 있어. 쿡쿡…."
남편: "너무 보고 싶다. 자기."
아내: "나도…."
남편: "엄만 가셨구?"
아내: "아니, 텔레비전 보셔."
남편: "그래? 그럼 뭐 맛있거라두 해 드리잖구……"
아내: "응, 그렇지 않아도 그럴려구 해."
남편: "그럼, 이따 봐."
아내: "응 알았어. 자기, 차 조심해."

이러면 무슨 재미가 있겠는가. 아마 이 부부가 전화로 대화를 나누었다면 틀림없이 이렇게 됐을 것이다. 만일 이 대화가 모바일 폰의 동영상을 통해 이루어졌다면 더욱 구체적으로 실감이 났을 것이다. 위에서 보듯 문자의 대화에서 텔레비전을 둘러싼 남편의 오해는 대화의 방향을 완전히 틀어버린 계기가 되었다. 대화가 진행될수록 그 간격의 폭은 더욱 커질 것이다. 이해를 돕기 위해 대화를 좀 더 진전시켜 보자.

아내: "굳은 건 어찌 알아."
남편: "뭐가."
아내: "문에 페인트 칠한 거."
남편: "알았어. (굳은 돈으로) 딸기나 사갈께."

이오네스코는 〈대머리 여가수〉에서 주인공 부부가 나누는 동문서답식 대화를 통해 존재의 진리를 보여주었다. 그는 낯선 상황의 설정을 통해 사물이 원래 지녔던 싱싱한 비의(秘儀)와 생명력을 복원하고자 했던 것은 아닐까. 마치 아꾸다가와 류우노스케(芥川龍之介)의 소설 〈하동(河童)〉 속의 갑빠가 작은 구멍을 통해 땅 위와 땅 속을 들락거렸던 것처럼. 나는 20여 년 전에 경상도 하동(河東) 출신의 한 작가와 대화를 나누면서 섬진강에 '갑빠' 라는 전설적인 동물이 산다는 이야기를 들은 적이 있는데, 이름에서 오는 이 우연의 일치에서 묘한 충격을 받았다. 순간 나의 상상력은 기지개를 켜기 시작했다. 그렇다면 마치 거북이 같이 생긴 일본의 갑빠가 두더지처럼 땅속을 뚫고 경상도 하동 땅까지 왔단 말인가. 현실계에서는 불가능한 일이 상상계에서는 가능하다. 인간의 무한한 상상력과 창의력은 능히 세계를 바꿀 수 있지 않은가. 그것은 방향을 알 수 없는 럭비공처럼 사방으로 튀어나간다. 그것은 '선조적(linear)' 이지 않으며, '리좀' 적 성격을 띠고 있다. 실시간으로 이루어지는 익명의 다수 사이의 인터넷 채팅에서도 이러한 현상이 나타나고 있음을 주목해 보자. 페이스북에 내가 글을 쓰는 순간 다른 친구들도 글을 쓰고 있다. 댓글들은 때로 무질서하게 올라온다. 참여자가 많을수록 전체적인 글의 흐름은 두서가 없어진다. 그러나 나는 인터넷 채팅의 이 비결정적인 구조가 좋다. 세계를 매끄럽게 다듬으려 할수록 세계는 우리들의 손가락 사이를 빠져나가기 때문이다. 언어를 가지고는 나무 하나 제대로 그려낼 수 없는 것이 인간의 한계가 아니겠는가.

나는 페이스북의 한 토론에서 존재의 비의(秘儀)를 믿는 한 친구에게 다음과 같은 답변을 한 적이 있다. "만일 그렇다면, 우리는 말과 말 사이의 간격을 넓혀 언어 이전의 상태로 돌아가야만 할 것이다. 그것이 가능하겠는가?"

오늘날 손에 단말기를 쥐고 손가락을 놀리는 '아이폰 맨(iphone man)' 들은 작은 구멍을 통해 땅위와 땅속을 넘나드는 갑빠처럼 현실계와 가상계를 왕복하는 경계인들이다. 그 모습이 꼭 장주를 닮은 게 놀랍지 아니한가.

이제 세계의 많은 가상시민(virtizen: virtual +citizen)들이 마치

굴착기와도 같은 디지털 단말기를 손에 쥐고 두더지처럼 눈에 보이지 않는 땅굴을 파고 있다. 그 난마(亂麻)처럼 엉킨 세계가 향후 어떤 모습을 띠게 될지 자못 궁금하다. 〈유럽문화학회 발제문, 2010〉

참고문헌

- 장자, 송지영 역해, 동서문화사, 1975
- 제3회 서울국제미디어아트비엔날레 도록, 서울시립미술관, 2004
- Meyer Schapiro, Theory and Philosophy of Art:Artist & Society, George Braziller, 1974
- Border of Virtuality:Chinese and Korean Media Art Now, Han Ji yun Contemporary Space, Beijing, China, 2008
- Facebook.com

주(註)

1) 莊子-莊周, 송지영 역해, 동서문화사, 1975, 82쪽, 不知周之夢爲胡蝶與, 胡蝶之夢爲周與

2) 윤진섭, 게임의 왕국, 제3회 서울국제미디어아트비엔날레 서문, 2004

3) 산스크리트어 '아바따라(avataara)'에서 유래된 말로 '분신' 혹은 '화신'을 의미한다. 아바따라는 '내려오다'라는 뜻을 지닌 동사 '아바뜨르(ava-tr)'의 명사형으로 고대 인도에서는 땅에 내려온 신을 의미하였으나 인터넷 시대가 열리면

서 가상현실 게임에서 자신의 분신을 나타내는 아이콘으로 사용되고 있다.

4) 2004년 2월 4일, 당시 하버드 대학생이던 마크 저커버그(Mark Zuckerberg)가 설립한 소셜 네트워킹 웹사이트다. 처음에는 하버드 대학생들만을 위해 개설하였으나 점차 사회 전반으로 확산돼 나갔다. 설립자인 마크는 올해 26세인 젊은이로서 2008년도 당시 15억 달러의 재산으로 포브스 선정 세계의 억만장자 785위의 반열에 올랐다. 이는 또한 유산상속이 아닌 자수성가형 억만장자 중 최연소 기록이기도 하다.

5) 이 점에 대해서는 Meyer Schapiro, On Some Problems in the Semiotics of Visual Art:Field and Vehicle in Image-Signs(1969)를 참고할 것. Meyer Schapiro, Theory and Philosophy of Art:Style, Artist, & Society, George Braziller, 1994.

지성인이란?

이명박 정부의 후반부 국정을 꾸려나갈 개각을 앞두고 국회청문회가 한창이다. 국무총리를 비롯한 장관 후보자들은 청문회를 준비하면서 각자 지나온 삶을 되돌아 볼 기회를 갖게 되었을 것이다. 나의 삶에 혹시 무슨 큰 잘못은 없는가. 만약 잘못이 있다면 그것은 누구보다도 본인 스스로 가장 잘 알고 있을 것이다. 그래서 청문회에서 걸리지 않고 무사히 빠져나가길 기대하지만 세상은 생각보다 넓고 또 그걸 아는 사람들은 너무나 많다. 인터넷이 발달한 요즈음에는 루머도 넘쳐나지만 사실 또한 도처에 숨어 있기 때문이다.

그런데 여기서 생각해 볼 것은 그들이 과연 지성인인가 하는 문제이다. 한 나라의 지도층 인사로서 지식인이 아니라 지성인으로 행동할 수 있는 가치관을 가지고 있는가 하는 점을 검증하는 일이 인사청문회의 기본 철학이 되어야 할 것이다. 지성인이란 지식을 바탕으로 자신의 신념에 따라 행동하는 양심을 지닌 자를 가리킨다. 사르트르가 말한 것처럼 "자기 일이 아닌 남의 일에 뛰어들며, 사회의 보편적 가치들이 다치거나 희생될 때 그냥 묵인하지 않고 용감하게 뛰어들어 스스로 선택한 험난한 가시밭길을 당당히 걸어갈 줄 아는 사람"이 곧 지성인이다. 자신이 뱉은 말을 쉽게 뒤집거나 뻔한 거짓말을 하는 사람은 지식인일 수는 있어도 지성인은 못 된다. 그래서 지성인이 되기란 그 만큼 어려운 법이다. 지성인이 되기 위해서는 일생을 통해 정신을 수양하고 행동을 조심하지 않으면 안 된다. 평소 꾸준한 독서를 통해 마음을 닦고 사물이나 사태에 대한 끊임없는 관찰을 통해 세상의 이치를 깨닫는 통찰력을 길러야 한다. 양심에 따라 행동하되 그 행동에 일관성이 있어야 하며 엄격한 도덕적 잣대를 지니고 있지 않으면 안 된다.

그러면 정치가가 하는 거짓말은 과연 어떨까? 그것을 어디까지 용인해야 하는가? 플라톤은 〈국가〉에서 소크라테스의 입을 통해 공익을 위한 정치가의 거짓말은 용인돼도 좋다는 의사를 피력했다. 그렇다면 르윈스키 스캔들이 터졌을 때 클린턴 대통령의 뻔한 거짓말은 과연 용인될 수 있는가? 언변이 뛰어난 클린턴은 지루하게 이어진 국회청문회를 노련하게 통과하여 대통령의 잔여임기를 무사히 마칠 수 있었다. 미국 국민은 개인의 사생활이 빚은 도덕적 결함보다는 국가의 이익을 먼저 통찰한 것이다.

그렇다면 정치가들의 사익을 위한 거짓말도 용인되는가. 우리는 여기서 단호하게 "아니요(No!)"라고 말하지 않으면 안 된다. 그것을 받아들일 때 우리는 장차 더 큰 위험에 직면하게 될 것이기 때문이다. 이번 청문회에 나선 장관 후보자들 가운데는 과거 자신이 저지른 과오에 대해 시인한 분도 있는 걸로 알고 있다. 아마 모르긴 해도 천길 벼랑 끝에 걸친 손을 놓는 심정이었을 것이다. 그러나 그 후보자가 보인 행동은 매우 용기 있는 것이다. "위험에 직면하면 무조건 부인하고 보라"는 금언이 정계에 퍼져 있는 상황에서 잘못을 시인한다는 것은 말이 쉽지 아주 어려운 일임에 틀림없기 때문이다.

우리 사회에 범본이 될 지성인이 많지 않다는 것은 심히 우려스러운 일이 아닐 수 없다. 바라만 봐도 후광이 느껴질 만큼 존경스러운 사회 지도층 인사가 적다는 것은 그 만큼 우리나라의 앞길이 밝지 않다는 것을 의미한다. 존경이란 무엇인가? 마음이 몸으로 하여금 어떤 행동을 하도록 시키는 상태를 가리킨다. 그 분이 앞에 나타나면 누가 시키지 않아도 벌떡 자리에서 일어나 예를 표하고, 그 분과 동행하면 한 걸음 뒤로 물러나서 그림자조차 밟지 않도록 조심하는 마음이 들게 하는 것, 그것이 바로 존경인 것이다. 지성인은 바로 그러한 존경을 후광처럼 지닌 자를 일컫는다. 그러기 위해서는 무엇보다 언행이 일치해야 한다. 지도자의 언행이 일치하지 않을 때 그 얼굴에서는 지성이 사라지고 아울러 존경심은 사라지게 된다.

변형생성문법 이론의 창시자인 노암 촘스키(Noam Chomsky) 교수는 세계적인 언어학자인 동시에 행동하는 양심으로 세계의 수많은 독자들로부터 존경을 받는다. 그는 미국의 시민이지만 미국의 대외정책에 대해서 예리한 비판을 아끼지 않는다. 그의 사유의 스펙트럼은 이미 미국을 넘어 세계에 걸쳐 있다. 그가 이 시대의 지성일 수 있는 것은 인류의 보편적 차원에서 사유하고 있기 때문이다. 그의 도저한 신념과 용기는 어떤 압박에도 굴하지 않는 굳건한 마음에서 연유한다.

그런데 왜 우리나라에는 존경받는 학자가 드문가? 많은 학자들이 교단을 떠나 정계에 입문하지만 대개는 만신창이가 돼서 돌아온다. 학자로서는 존경을 받던 분들이 현실정치에 적응을 못하고 결국에는 지성마저 흐린 국면에 직면하게 되는 것이다. 책에서 배운 내용을 현실에서 풀어보고자 한 이상적인 열망 때문에 현실 정치의 문을 두드리지만 이론과 현실의 쓰디쓴 괴리감만 느낄 뿐이다. 높은 벼슬을 지낸 어떤 학자는 거듭되는 정계의 유혹을 잘 물리쳤으나 마침내 수락, 참혹한 현실을 맛보고 퇴색한 지성, 즉 과거의 존경마저도 되찾지 못한 결과만을 초래하였다. 이 모두 우리 사회가 낳은 일그러진 초상이 아닐 수 없다.

나는 몇 년 전에 평소 존경하던 분이 높은 관직에 오른 것을 보고 적잖이 놀란 적이 있다. 그 분은 그 자리에 응모할 것을 권하는 나의 제언을 단호하게 물리친 적이 있기 때문이다. 왜 그러시냐는 나의 질문에 그 자리는 사람을 치는 자리라고 했다. 한 마디로 손에 피를 묻히기 싫다는 것이다. 그러나 그 분의 그 말이 단순히 보안유지용에 지나지 않았던 것임을 나는 보도를 접하는 순간 알아차렸다. 그때 잠시나마 고민하는 흔적만 보였더라도 인간적으로 이렇게 실망스럽지는 않았을 것이다.

존경의 염(念)은 하루아침에 이루어지는 것이 아니다. 그것은 포도주를 숙성시키듯 서서히 오랜 시간을 두고 형성된다. 말과 행동이 일치하고 인간에 대한 따뜻한 마음을 잃지 않는 모습을 보일 때, 존경하는 마음이 찾아온다. 그것은 '스스로 그러한 것(自然)'이지 인위적으로 될 일은 아닌 것이다. 얼마 안 있으면 여름도 다 지나가고 다시 낙엽 지는 가을이 찾아올 것이다. 그러고 보니 이 무더운 여름을 즐기는 매미의 영화도 이제 얼마 남지 않았다. 울음소리를 그치고 자리를 뜰 준비를 해야 하는 것이다. 〈문화저널21〉

셋째 장

미술품 수집과 중국 현대미술

▲ 중국 북경의 대표적인 화랑가 타싼즈(大山子) 798의 거리 풍경

미술품 수집의 방법과 요령

미술품 수집과 감상은 전혀 동떨어진 일이 아니라 함께 돌아가는 톱니바퀴처럼 불가분의 관계에 있다. 우선 마음의 부담을 갖지 말고 취미처럼 가볍게 생각하도록 하자.

세상의 모든 일이 마찬가지겠지만 처음 일을 시작할 때 매사가 어설픈 것은 당연한 일이다. 얼마 전에 어느 유명한 수집가 한 분을 만난 적이 있는데, 그는 세계 여러 나라의 동전을 전문적으로 수집하는 경력 30년의 베테랑이었다. 사업 관계로 해외출장이 잦았던 그는 아주 우연히 동전을 수집하게 됐노라고 그간의 사연을 털어놓았다. 해외를 다니다보면 자연히 쓰다 남은 외국의 동전이 모이게 되는데, 처치 곤란한 이것을 어떻게 처리할까 한동안 고민하다 이왕 내친 김에 수집을 하기로 마음먹었다고 한다. 지금부터 40년 전에는 해외여행하기가 하늘의 별따기만큼이나 어려웠던 시절이라 외국 동전은 희소

가치가 꽤 높은 것도 결심을 부추긴 요인이었다. 그 뒤 아프리카, 동남아시아, 유럽, 호주 등 출장을 가는 곳마다 동전을 모으기 시작했다. 나중에는 쓰고 남은 동전뿐만 아니라 구하기 힘든 희귀품을 벼룩시장이나 골동품점, 심지어는 경매를 통해 입수하기 시작했다. 동전 수집에 대한 그의 집념은 날이 갈수록 거세져서 누가 외국여행을 간다는 소문이 들리면 동전을 부탁할 정도로 발전했다. 시간이 지나면서 그에게는 서서히 변화가 찾아왔다. 동전을 수집하면서 자연히 화폐에 대한 관심을 기울이게 되었는데, 그럭저럭 책을 뒤적이며 연구를 하다보니 동전에 얽힌 뒷이야기며 디자인의 변천 등이 그렇게 재미있을 수가 없더라는 것이다. 그는 그동안 모은 자료를 바탕으로 동전에 대한 책이나 한권 쓰겠노라며 말을 마쳤다. 물론 화폐박물관 건립의 야무진 꿈과 함께……

이런 비유를 들면 어떤 사람은 대뜸 이렇게 물을 것이 틀림없다. 값싼 동전과 고가의 미술품이 어떻게 같을 수 있느냐고. 맞는 말이다. 그만큼 미술품은 값이 비싸서 일부 특수층의 전유물처럼 여겨져 온 것도 사실이다. 그러나 한 발 물러서서 생각해 보면 반드시 값이 비싸기 때문에 미술품 수집에 대한 관심이 없었던 것은 아니다. 생활에 바빠서, 경제적 여력이 없어서, 시간이 없어서 등등 갖가지 이유 때문에 실천에 못 옮겼을 뿐이다. 그러나 이제부턴 미술품은 값이 비싸기 때문에 모을 수 없다는 선입견은 버리도록 하자. 그것이 가장 큰 장애물이니까……

이런 방법은 어떨까? 우선 비교적 값이 저렴하다는 판화에 관심을 가져보는 일이다. 복수 제작이 특징인 판화는 단지 오리지날 작품이 아니라는 이유만으로 수집가들 사이에서 기피되어온 측면이 없지 않다. 하지만 그것은 우리의 편견일 뿐이다. 최근에는 여러 미술대학이 판화과를 개설하여 전문적인 판화가를 양성할 만큼 판화예술의 독자성과 가치가 높아지고 있다. 게다가 기껏해야 기만원에서 기십 만원에 이르는 판화는 장식성 면에서도 일반 회화작품에 비해 손색이 없어서 투자는 차치하고라고 수집의 의의가 매우 높은 편이다. 최근에는 판화전문화랑도 점차 늘고 있는 추세여서 관심만 있다면 얼마든지 조언도 구할 수 있는 이점이 있다.

판화에 관심을 갖고 수집을 시작하려면 의당 거기에 따른 정보 수집이 필요하다. 판화의 역사와 종류, 기법, 재료, 작가, 전시회 등 판화와 관련된 지식과 정보는 여러 경로를 통해 틈틈이 수집할 수 있다. 선진 외국에는 판화전문지가 있어서 판화예술에 대한 정보를 신속히 제공하고 있다. 우리나라에도 최근에 판화진흥회라는 것이 생겨서 판화미술제를 개최하고 판화전문 잡지를 발간하는 등 관련사업을 활발히 펼쳐나가고 있다. 유럽의 주부들은 시장 길에도 저렴한 판화를 구입해서 집안을 장식하는 취미가 있는데, 조만간 우리의 주부들로 그렇게 될 날이 있으리라고 믿는다.

일을 하려면 목적이 뚜렷해야 한다는 말은 미술품 수집과 감상에도 부합된다. 이를테면 판화를 수집하기로 마음 먹었으면, 어느 종류의 판화가 내 마음에 꼭 드는가, 어떤 작가의 작품이 좋은가 하는 대략적인 방향을 설정하는 것이 좋다는 말이다. 산만하게 관심을 갖는 것 보다는 분명한 성격을 갖는 것이 체계적으로 보일 것이기 때문이다. 체계적인 수집이 체계적인 연구를 불러일으킨다는 사실을 잊지 않도록 하자. 국민소득 삼만 불의 시대에는 판화의 수요가 폭발적으로 증가할 것이다. 그 때를 대비하여 판화에 투자를 하는 것은 어떨까.

창문을 열자, 집안 분위기를 바꾸자

살을 에는 듯 한 꽃샘추위도 가시고 창밖에는 어느덧 봄기운이 완연하다. 얼마 안 있으면 산에 흐드러지게 핀 진달래꽃이 모처럼 산을 찾은 등산객들을 반갑게 맞을 것이다. 신문에 새봄맞이 집 단장에 대한 기사가 자주 등장하는 것을 보니 진정 봄이 오긴 왔나 보다. 아마 지금쯤 주부들은 겨우내 입었던 옷가지를 정리하랴, 집안 분위기를 계절에 맞게 꾸미랴 연일 바쁜 하루를 보내고 있을 것이다.

집안 분위기를 연출하다 보면 가장 신경이 쓰이는 부분이 벽이다. 전통 한옥과 달리 아파트를 비롯한 서양식 주택은 벽면이 많아서 이들 벽면 처리가 여간 힘든 게 아니다. 마음 같아서는 집안꾸미기를 도맡아 해주는 전문 인테리어 업체에 맡기고도 싶지만, 대부분의 가정은 우선 경제적인 이유에서라도 쉽지 않을 것이다. 이때 필요한 것이 주부들의 창조적인 지혜다. 주부들이 가정을 꾸려가면서 보고 배운 경험과 축적된 지혜는 큰 돈을 들이지 않고도 아늑한 실내공간을 꾸미는 원동력이 되기 때문이다.

우리는 미술이라고 하면 흔히 아주 전문적인 화가나 조각가들만이 하는 것으로 생각하기 쉽다. 대부분의 사람들이 학창시절에 미술시간을 통해 많은 그림을 그리고 찰흙으로 여러 가지 모양을 빚은 적이 있지만, 학교를 졸업하면서 아주 손을 놓게 된다. 그래서 미술은 그림에 재능이 있는 특정한 부류의 사람들만이 하는 일로 치부하고 영영 여기서 멀어지게 되는 것이다. 그러나 사람의 감정이나 아름다움에 대한 욕구는 보편적이다. 모든 사람들이 아름다운 경치를 접했을 때 감탄사를 절로 발하듯이, 훌륭한 작품을 보았을 때 역시 잔잔한 감동을 느끼면서 갖고 싶다는 생각을 하게 되는 것이다.

미술품의 수집과 감상은 이처럼 때로는 전혀 예기치 않은 계기를 통하여 비롯되는 수가 많다. 우연한 기회에 친구의 집을 방문했는데 그 집에 마음에 쏙 드는 그림이 걸려 있었다든가, 아는 사람의 전시회에 갔는데 멋진 작품이 있었다든가 하는 나름대로의 이유에서 미술품 수집은 시작된다. 물론 체질적으로 미술에 둔감한 사람이라면 어쩔 수 없지만, 대부분의 경우는 본래 지니고 있는 예술적 감성이 바쁜 일상에 가려져 있다가 어떤 계기를 통하여 미술에 대한 욕구를 자극하게 되면서 취미를 붙이게 되는 것이다. 최근 들어 주부들로부터 각광을 받고 있는 각종 문화센터의 미술 강좌 붐은 미술에 대한 취미는 물론이요, 전문적인 지적 욕구를 충족시켜 준다는 점에서 매우 바람직한 현상이라 하지 않을 수 없다. 유화, 크로키, 수채화, 서예, 조각 등 미술 실기를 비롯하여 꽃꽂이, 등공예, 지점토 등 생활미술에 이르기까지, 또는 서양미술사나 미학, 미술사에 대한 강좌에서부터 큐레이터 되기와 같은 보다 전문적인 영역에 이르기까지 문화센터가 제공하는 폭넓은 영역의 강좌들은 주부들의 미술에 대한 잠재능력을 일깨우기에 충분하다.

앞서 벽면에 대해 잠시 언급했는데 그럼 이제부터 본론으로 들어가서 과연 그 벽면을 어떻게 채울 것인가 하는 문제에 대해 생각해보도록 하자. 결론부터 이야기한다면 생활과 미술을 같은 연장선상에서 바라보는 총체적인 마음가짐이 필요하다. 미술과 일상생활이 분리된 것이 아니라 미술이 곧 생활이요, 생활이 곧 미술이라는 '생활 속의 미술' 을 펼쳐나갈 때 집안의 분위기는 날로 풍요롭고 나아가서는 가족 전체가 화목하게 될 것이다.

예술이 생명체에 미치는 영향은 이미 여러 실험을 통하여 입증된 바 있다. 젖소에게 왈츠곡을 들려주었더니 젖이 잘 나오더라는 이야기는 이미 고전이 되어버린 지 오래고, 최근에는 음악이 식물의 성장에 미치는 영향이 과학적인 실험을 통하여 입증된 적도 있다. 미술에서도 색채는 인간의 감정에 지대한 영향을 미친다는 실험결과가 많이 나와 있다. 이를테면 붉은 색으로 칠해진 방안에 사람이 오래 머물 경우, 불안한 심리적 반응을 보인다는 연구 결과 따위가 바로 그것이다.

가정은 사회의 최소단위인 가족 구성원이 생활하는 주거공간이다. 사회가 건강해 지기 위해서는 그 사회의 기초를 이루는 가정이 건전해야 함은 두말할 나위가 없다. 따라서 가정이 건전해지기 위해서는 가정의 근본이 되는 가족 개개인이 협력하여 화목한 집안 분위기를 연출하도록 힘써야 한다. 이 때 집안 분위기를 부드럽게 연출하는 지휘자는 아무래도 집안에 가장 오래 머무는 주부가 되지 않을 수 없다. 그런데 주부의 연출능력이나 재능이 모자란다면 효과적인 분위기의 창출을 기대할 수 없다. 그러니까 당연히 주부들의 미술에 대한 감각이 요구되는 것이다. 허전한 벽면을 풍요롭고 창조적인 공간으로 바꾸기 위해서는 주부들의 끊임없는 노력과 감각의 연마가 무엇보다 필요하다.

허전한 벽면을 창조적이고 가치 있는 공간으로 바꾸는 방법은 우선 두 가지가 있을 것 같다. 첫째는 주변에서 흔히 눈에 띄는 일상용품을 이용하여 직접 장식하는 것이고, 둘째는 마음에 드는 미술작품을 구하여 분위기를 연출하는 것이다. 앞의 방법은 경비가 적게 든다는 측면에서 경제적인 이점이 있으나 미적인 감각을 필요로 한다는 난점이 있고, 나중의 방법은 비교적 손쉽지만 어느 정도의 경제적 여건을 갖춰야 된다는 어려움이 있다.

먼저 앞의 방법에 대해 살펴보도록 하자. 현대미술이 난해하다는 것은 이미 정평이 나 있다. 그러나 많은 수의 현대미술 작품이 우리가 무심코 쓰다버린 폐품에서 나온다는 사실을 아는 사람은 그다지

많지 않다. 이미 오래전에 미술이 생활 속으로 들어온 지가 오랜데, 아직도 대다수의 일반인들은 미술이 아주 먼 곳에 있는 것으로 착각을 한다. 그래서 전시장에서 생활용품을 활용한 작품을 접하게 되면 이것도 미술작품인가 하고 깜짝 놀라게 되는 것이다. 주걱을 이용한 작품, 쓰다버린 밥상에 그림을 그린 작품, 생나무를 잘라 예쁜 색깔로 장식한 설치작품, 얇은 동판으로 살랑대는 풍경을 만든 작품 등등....우리가 난해하다고 여기는 작품들은 의외로 우리의 주변에서 온 것들이 많다. 그것들은 대개 약간의 예술적 감각과 재능이 있는 사람이라면 얼마든지 만들 수 있는 그런 것들이다. 처녀시절에 담배갑을 접어 재떨이 받침을 만들어 본 주부라면, 깨진 거울을 이용하여 멋진 콜라주(오려붙이기) 작품을 만드는 것쯤은 쉬운 일 아니겠는가? 문제는 내면에 잠재된 창조력을 계발해 내는 일이다.

두 번째 언급한 미술품 수집은 많은 노력과 자본의 투자가 요구되는 활동이다. 그러나 가벼운 마음으로 시작한다면 적은 돈을 들여서 실질적인 효과를 낼 수 있다는 점에서 시도해 볼 만한 취미생활도 된다. 특히 집안을 분위기 있게 꾸미고자 하는 소박한 의도에서라면 부담이 없고 손쉬운 방법을 찾으면 된다. 미술품 수집은 목적에 따라 여러 방향이 있겠지만, 초심자에게는 먼저 판화 수집을 권하고 싶다. 판화는 유화나 조각 작품에 비해 투자가치는 약하지만 그 대신 가격이 저렴하고 장식적 가치가 높아 실내장식에도 안성맞춤이다. 가격이 불과 몇 만 원에서부터 시작하니까 형편에 맞게 구입한다면 기대

이상의 실질적 효과를 얻을 수 있다. 정물이나 풍경화, 인물화에서부터 추상에 이르기까지 작가마다 개성적인 작품이 많이 있으므로 판화전문 화랑을 사귀어두고 꾸준히 다니면 판화에 대한 정보도 얻을 수 있어 더욱 좋다. 종류별이나 작가별로 수집을 하는 방법도 있고 수집가 나름의 원칙을 세워 체계적으로 수집하는 방법도 얼마든지 가능하다.

미술품을 수집하여 소장을 하든, 자신이 직접 제작을 하든 미술품이 우리의 생활공간을 아름답게 꾸며주고 우리의 삶을 풍요롭게 만들어주는 것만은 분명하다. 그러나 보다 중요한 것은 생활의 여유와 탄력을 창출하려는 예술적인 사고와 의지이다. 거실 한편에 놓인 화사한 꽃 한송이, 한 점의 아름다운 그림이 우리의 사고를 매우 창조적으로 바꿔놓게 될 것이다.

곡예사의 첫사랑

아마 중국만큼 단기간에 세계의 미술계를 석권한 나라도 드물 것이다. 중국은 마치 해일처럼 유럽과 미국, 그리고 아시아 지역을 순식간에 덮쳐버렸다. 1989년, 중국미술관에서 열린 역사적인 아방가르드의 거사, 즉 [중국현대미술전] 이후, 중국의 현대미술은 한국과 일본의 미술이 몇 십 년에 걸쳐 이룩한 성과 이상의 것을 단기간에 달성했다.

이러한 사태를 촉발한 근본적인 요인은 천안문 사태와 원명원의 해산에서 비롯된다. 이 두 사건을 계기로 중국의 많은 미술평론가와 작가들은 유럽, 미국, 일본 등지로 살길을 찾아 퍼져나갔다. 1990년대에 접어들어 페이 다웨이, 후 한루, 황 용핑 등은 파리에, 차이 구오 광, 황 루이 등은 동경에, 슈빙, 장 후안 등은 뉴욕에 작업의 둥지를 틀었다.

중국의 현대미술이 세계적으로 부각된 것은 베니스 비엔날레와 상파울루비엔날레, 카셀 도큐멘타, 광주비엔날레와 같은 국제적인 대규모의 미술행사를 통해서였다. 특히 1999년에 열린 제48회 베니스 비엔날레는 문자 그대로 중국미술 특수였다. 예술감독 하랄드 제만이 직접 기획한 [아페르튀토(Apertutto)전]에는 무려 20여 명에 달하는 중국의 아방가르드 작가들이 초대돼 세계 미술의 무대에 중국의 존재를 확실히 각인시켰다. 석고에 채색을 한 거대한 인물상을 여러 점 출품한 왕두는 단번에 정상급 작가로 부상하였으며, 차이 구오쾅은 황금사자상을 수상, 기염을 토했다. 그 뿐만 아니라 '정치적 팝'의 대표작가로 알려진 왕광이는 이보다 앞선 1994년 제22회 상파울루비엔날레에 참가, 일찍이 국제적인 작가로 자리 매김을 했다. 이러한 일련의 사태는 무엇을 의미하는가?

1949년이래 중국은 '죽의 장막'이란 용어가 의미하듯 철저히 베일에 감춰진 나라였다. 따라서 정치, 경제, 사회 분야뿐만 아니라, 중국의 문화나 예술 역시 서방세계의 입장에서 볼 때는 신비스러운 것이 아닐 수 없었다. 미술의 경우, 중국은 19세기 말엽에 서구 열강의 침략으로 문호를 개방한 이래 서구미술의 유입에 대해 수동적인 입장을 견지했다. 중국의 이러한 태도는 아편전쟁 직전 청의 건륭제가 지녔던 강한 문화적 자부심을 연상시킨다. 당시 중국을 세계의 중심이라고 생각한 건륭제는 영국을 일개 야만국으로 간주하여 대영제국의 국왕 조지 3세의 통상 제안을 점잖게 거절하였는데, 그 이면에는 중국이 세계의 중심이라는 자부심 외에도 자국의 문화와 예술에 대한 높은 우월감이 자리잡고 있었다. 마이클 설리반이 〈중국미술사〉에서 적절히 지적하고 있듯이, 청의 통치자들은 서구미술에 대한 편견을 지니고 있었다. 그들은 서구의 미술이 중국의 근대화나 제도의 개혁에 도움을 줄 것으로 기대하지 않았다. 서구 문화에 대한 그들의 뿌리 깊은 경멸감은 자국의 수준 높은 문화에 대한 우월감에 근거를 두고 있는 바, 그것은 서구의 발달된 신문명에 대해 보인 호의와는 반대되는 것이었다.

중국인들의 이러한 태도는 중국의 전통미술을 보존하는 결과를 가져왔다. 중국사회를 뒤흔든 20세기 초엽의 서구화 과정에서 중국의 지식인 그룹은 전통의 막강한 힘에 여전히 신뢰를 보이고 있었으며, 문화적 자부심은 전혀 퇴색할 기미를 보이지 않았다. 서구 근대미술의 유입에도 불구하고 중국의 화가들이 흔들림 없이 전통에 바탕을 둔 조형언어를 구사할 수 있었던 것은 여기에 연유한다. 훗날, 마오쩌둥이 "외국의 문물이 중국에 기여하게 하라."고 예술가들을 독려하였지만, 서구예술의 수용을 둘러싼 혼돈은 거의 없었다고 해도 과언이 아니다.

한편, 공산당 정권의 수립과 더불어 중국의 사회주의는 사실주의 미술의 양식을 낳는 결과를 초래하였다. 국가의 발전에 기여할 수 있는 미술의 기능, 즉 정치적 선전 선동의 기능으로서의 '프로파간다'가 급물살을 타기 시작했는데, 이 새로운 물결은 '인민에게 봉사하는 미술' 이 되어야 한다는 마오쩌둥의 교시가 촉발한 것이었다. 당시 중국은 낙후된 농업국에서 벗어나 강력한 사회주의 국가로 발돋움하는 것이 지상과제였기 때문에 화가들은 국가건설에 필요한 현장의 모습을 사실주의의 필치로 묘사하지 않으면 안 되었다. 그러한 과정에서 서구의 모더니즘 화풍이나 아방가르드는 점차 사라져갔다.

중국의 문화대혁명이 예술에 미친 부정적 영향은 매우 심각한 것이 아닐 수 없다. 1960년대 중반 무렵, 비록 서구사회에 비견될 수 있는 정도는 아니라 할지라도 중국사회에 만연한 부르주아적 현상은 당연히 문화대혁명의 표적이 되었다. 미술전시회 조차 마음대로 열 수 없는 폐쇄된 분위기 속에서 많은 수의 미술학교와 박물관들이 문을 닫지 않으면 안 되었다. 이 분야에 종사하던 미술인들을 비롯하여 학자, 교수, 연구가들은 수정주의자로 몰려 숙청되었으며, 사회적 멸시와 수치심으로 인해 자살하는 사람들이 속출하였다. 학문과 예술이 종언을 고했다는 서방세계의 관찰에도 불구하고 가공스런 문화말살의 행렬은 계속되었다. 이 행렬은 1976년 강청을 비롯한 4인방의 처형으로 문화대혁명이 끝날 때까지 지속되었는데, 이 시기의 미술은 중국 현대미술사상 가장 침체되고 경직된 모습을 보여주었다.

덩샤오핑에 의한 개혁 · 개방 정책은 비단 산업뿐만 아니라 예술에 있어서도 표현의 자유를 가져다주었다. 서구의 아방가르드 미술이 유입되는 가운데 여기에 관심을 보이는 작가들이 점차 늘어갔다. 이들은 80년대 초반, 방만한 자유화 현상에 당황한 공산당 정부에 의해 탄압을 받는 사태를 겪기도 했지만, 표현의 자유를 둘러싼 항거는 이미 돌이킬 수 없는 대세였다. 천안문 사건과 원명원 사태로 촉발된 미술인들의 표현의 자유에 대한 저항은 마침내 국외의 탈출이라는 결과를 낳았다.

중국의 현대미술이 국제적인 관심사로 떠오르게 된 요인 가운데 하나는 서구의 큐레이터, 화상, 미술관 관장, 미술전문지 기자들이 보인 중국 현대미술에 대한 각별한 관심이다. 중국의 개혁 · 개방이후 서구의 미술관계자들은 유난스러울 정도로 중국미술에 대해 관심을 보였는데, 이는 중국시장의 무한한 잠재력에 군침을 흘리던 서구 제국의 경제적 이해와 관계가 있다. 중국의 시장에 침투하기 위해서는 일련의 교두보 마련에 부심하지 않을 수 없었고, 그러한 목적을 달성하기 위해서 가장 세련된 방법은 아무래도 문화교류를 전면에 내세우는 것이라 판단했기 때문이다.

그런데 여기서 간과할 수 없는 것은 중국미술이 지닌 엄청난 두께와 폭에도 불구하고 유독 중국의 아방가르드 미술에 서구사회가 주목하고 있다는 점이다. 그것은 무슨 이유일까? 왜 서구의 미술 관계자들은 유독 중국의 아방가르드 미술에 관심을 기울이는 것일까? 주키는 이점에 대해 다소 불만스런 어투로 다음과 같이 말하고 있다.

"지난 10년 동안, 서구인들은 서양의 제도 미술기관을 통해 중국의 아방가르드 미술을 세계에 소개해 왔다. 그러나 과연 그들은 중국의 아방가르드 미술을 제대로 이해하고 있는가? 거기에 대한 대답은 단연코 '아니오' 이다."

그의 불만은 중국미술의 서구 종속화 현상과 관계가 깊다. 그에 의하면 1990년대에 서구인들이 아방가르드라고 생각한 중국미술은 두 가지 중 하나로 분류되는데, 하나는 서구미술을 닮은 것이고, 다른 하나는 닮지 않은 것이다. 그런데 문제는 서구미술을 닮지 않은 것으로 판단되는 중국미술이 형식에 있어서는 서구미술을 따르고 있다는 점이라고 그는 지적한다. 부연하면, 서구인들은 중국미술의 독창적인 면보다는 중국의 사회와 문화, 정치에 대한 현상을 소재로 서구적 형식으로 번안한 작품들에 지대한 관심을 가지고 있다는 것으로 여기에는 서구인들의 문화 우월주의적 시각이 은연중에 배어있다는 것이다.

나는 주 키의 이러한 시각에 동의한다. 지난 10 여 년 간 우리 또한 비슷한 경험을 겪었다. 서구의 화상, 큐레이터, 미술관 관장, 미술전문지 기자들이 빈번하게 한국을 드나들면서 그들의 입맛에 맞는 작가들을 선정, 국제무대에 소개한 것이다. 대략 10여 명 안팎인 한국의 소위 국제적인 작가들은 중국의 경우처럼 서구적 아방가르드 색채가 짙은 작가들이라는 점에서 공통적이다. 그렇다면, 일본은? 아뿔사! 그렇다면 모두들 줄 위에 올라탄 곡예사들이 아닌가. 노련한 조련사에 의해 조종되는……

〈China21〉

중국, 그 거대한 항모(航母)

한 십여 년 전의 일이다. 중국이 개혁 · 개방의 기치를 든 지 얼마 지나지 않았을 당시 나는 중국의 한 고위 관리를 만나 대화를 나눌 기회를 가질 수 있었다. 연수차 서울에 머물고 있던 그에게 나는 중국의 미래에 대해 어떤 견해를 갖고 있는지 생각하고 있는 것이 있으면 말해달라고 했다. 긴 대화 끝에 나온 각별한 주문이었다. 그는 중국의 미래를 낙관적으로 보고 있었다.

"중국은 거대한 항공모함과 같습니다."

찻잔에 남은 마지막 차를 천천히 마시고 나서 그가 말했다.

"일단 방향을 잡고 선체를 틀기까지 많은 시간이 걸리지, 그 다음에는 무서운 속도로 나아갈 것입니다."

말을 끝낸 그의 입가에 알 듯 모를 듯한 미소가 스쳐지나갔다.

그의 말을 듣는 순간, 나는 중국을 처음으로 방문했던 때의 기억을 떠올렸다. 1993년 겨울의 일이다. 그 당시는 한국정부가 대만과의 국교를 단절하고 막 중국과의 수교를 시작하던 무렵이었다. 나는 '특정국가 방문' 이란 푸른 색 스탬프가 찍힌 여권을 소지하고 어렵사리 북경을 방문할 수 있었다. 홍콩을 출발한 중국민항 여객기가 북경공항에 착륙한 시각은 밤 9시 무렵. 공항의 밖은 몹시 어두웠고, 중국인들 특유의 억양으로 주변은 매우 소란스러웠다. 어둠 속에서 광장의 건너편 건물 옥상에 우뚝 솟아있는 광고판이 조명을 받아 밝게 빛나고 있었다. 삼성과 엘지(LG)의 상품을 알리는 간판이었다.

그 당시만 해도 북경의 관청에는 팩스가 귀할 때였다. 전시회와 심포지엄에 참석하기 위해 북경을 방문한 우리 일행은 본국과의 교신 때문에 애를 먹었다. 한국과 중국, 그리고 일본의 작가들이 참가한 전시회는 우여곡절 끝에 한 미술관에서 무사히 개막을 할 수 있었는데, 지금도 내 기억에 선명한 경구는 "중국에서는 되는 일도, 안 되는 일도 없다"라는 것이다.

중국현대미술의 대부격인 미술평론가 리 시엔팅(栗憲庭)을 비롯하여 상파울로 비엔날레 참여작가인 왕 광이(王廣義), 당시는 무명이었으나 최근 국제적인 작가로 각광을 받고 있는 송 똥(宋冬) 등은 중국의 대표적인 언더그라운드 미술인들이다. 당에 복무하는 리얼리즘 미술이 중국정부가 표방하는 공식적인 미술이라고 한다면, 서구 미술의 영향을 받은 소위 전위미술은 대표적인 언더그라운드 미술로 간주되어 중국 정부로부터 탄압을 받아왔다. 이러한 언더그라운드 작가들이 힘을 규합하여 도전을 감행한 사건이 바로 1989년 당시 중국미술관에서 열린 [중국현대미술전]이었던 것. 이 전시회의 기획자가 바로 리 시엔팅이었다. 문화사적으로 볼 때, 이 사건이 중국사회에 던진 충격은 매우 큰 것이었다. 같은 해에 벌어진 천안문 사태와 함께 이 사건은 중국사회의 변화를 상징하는 일종의 지각변동이었던 것이다. 이 전시회에서는 실제로 권총을 발사한 퍼포먼스가 벌어져 중국 사회를 놀라게 했는데, 중국 고위층의 딸이기도 한 문제의 이 여성작가는 이 일로 인해 해외로 도피하게 된다. 1996년 호주에서 이 작가를 우연히 만나 그 당시의 긴장된 상황을 들을 수 있었다.

자유와 민주화에 대한 중국 지식인들의 갈망이 한꺼번에 분출된 것이 천안문 사태라고 한다면, 체제 유지를 위한 중국정부의 책략은 시위대에 대한 무자비한 진압의 형태로 나타났다. 천안문 광장을 가득 메운 시위대를 향한 진압군의 발포와 탱크의 돌격으로 인하여 가까스로 시위는 진압될 수 있었지만, 중국의 열악한 인권 상황이 세계에 알려지게 된 것은 중국 정부의 큰 손실이었다. 이 사태로 인하여 중국 반체제 인사들의 연이은 해외 망명과 함께 많은 수의 문화예술인들이 해외로 빠져나가거나 지하로 잠적해 들어갔다. 지하로 잠적한 이들은 원명원에 집단적으로 거주하면서 당국의 눈을 피해 잠시나마 예술의 자유를 구가할 수 있었다. 그러나 이것도 잠깐, 마침내 1996년 원명원 사태가 터지게 된다. 천안문 사태이후 반체제 문화예술인들의 집단 거주지였던 원명원이 당국에 의해 폐쇄, 해산되기에 이르렀던 것이다. 이 사건은 많은 중국의 문화예술인들을 해외로 망명하게 만든 기폭제였다. 미술의 경우, 많은 수의 큐레이터, 작가들로 하여금 파리를 비롯한 서구의 여러 도시로 흩어지게 만든 이 사건이 거꾸로 중국 현대미술의 세계화를 가져온 사실은 하나의 역설이다. 오늘날 국제적인 큐레이터로 성장한 페이 다웨이(費大爲)를 비롯한 여러 예술인들의 성공은 원명원 사건이 하나의 계기가 되었기 때문이다.

1966년, 강청을 비롯한 4인방 시대에 시작하여 1976년 모택동의 서거로 마감하는 문화대혁명은 중국사회를 멍들게 한 커다란 병인(病因)이다. 당시 중국의 최고지도자인 마오쩌둥(毛澤東)이 일으킨 이 사회주의 운동은 계급투쟁을 강조한 대중 운동으로 인민들의 힘을 빌어 중국공산당 내부의 반대파들을 숙청한 일종의 권력투쟁이었다. 이 운동은 1950년대 말의 대약진 운동이 실패로 돌아간 것을 기화로 중국공산당 내부에 발생한 사회주의 건설을 둘러싼 노선대립이 계기가 되었다. 당시 마오쩌둥은 대중 노선을 강조하였으나, 류사오치(劉少奇), 덩샤오핑(鄧小平) 등은 실용주의를 강조, 공업전문가를 중용할 것을 주장하였다. 그러자 마오쩌둥은 1962년 9월 중앙위원회 전체회의에서 수정주의를 비판하고 마침내 반대파들을 숙청하기에 이른다. 홍위병의 준동으로 혼란의 극에 달한 중국사회에서 혁명기간 동안 숙청된 인원은 약 300만 명에 달하며, 극심한 경제적 피폐와 사회적 혼란, 부정부패의 만연 등이 중국을 낙후시킨 원인이 되었다.

장샤오강(張曉剛:1958-), 팡 리준(方力鈞:1963-), 유에 민준(岳民君:1963-) 등 세 작가는 유년시절에 문화대혁명을 겪은 세대에 속한다. 중국의 현대미술을 대표하는 이 작가들은 중국 현대사회의 질곡을 직접 체험했다는 점에서 공통적이다. 이 작가들은 광주비엔날레를 통해 국내의 미술애호가들에게도 친숙하며, 40대의 비교적 젊은 나이에도 불구하고 이미 세계적인 작가의 반열에 올라있다.

이 세 작가의 작품에 나타나고 있는 공통적 특징은 사회에 대한 냉소이다. 블랙 유우머를 연상시키는 미감적 특징이 바로 중국의 미술평론가 리 시엔팅이 '냉소적 리얼리즘' 이라고 부른 것이다. 감수성이 예민한 유년시절에 겪지 않으면 안 되었던 문화대혁명의 충격은 이들 각자의 뇌리에 쓰라린 기억으로 남아있다. 가령, 장 샤오강은 문화대혁명 기간에 부모가 재판에 회부된 관계로 어린 동생들과 함께 부모와 떨어져 살아야 했는데, 당시의 암울했던 경험이 사회에 대한 부정적 인식으로 자리잡게 된다. 회색 혹은 핑크색 단색조로 그려진 그의 작품에 등장하는 인물의 초상은 암울하기만 했던 유년시절의 회상록이다.

리 시엔팅에 의하면 냉소적 리얼리즘은 '불공스런 유우머와 무관심' 으로 정의된다. 그것은 왕 광이로 대표되는 '정치적 팝' 과 함께 중국 아방가르드 미술의 대표적인 회화양식이다. 이 냉소적 리얼리즘은 1989년 6월 4일의 천안문 사태이후 중국사회에 빠르게 번지기 시작한 기만과 반(反) 이념에 대한 중국 인민들의 일반적인 정서를

▲ 중국 베이징에서 열린 아트페어에서, 필자

반영하고 있다. 이는 또한 중국 역사상 전대미문의 사상적 경험이었던 문화대혁명이란 집단적 히스테리에 대항하는 힘없는 민중들의 풍자와 자조를 대변하고 있다.

중국은 어디를 향해 가고 있는가. 한국에서 이는 중국의 열풍은 공룡과도 같은 중국대륙이 기지개를 켜고 있음을 말해주는 증거다. 중국의 급속한 경제성장과 그에 따라 진전되는 국제사회에서 중국의 우위는 이제 우리가 중국을 재평가해야 할 시점에 도달했음을 말해준다. 공룡의 큰 발자취를 좇아가기에 급급한 한국의 종종걸음이 더뎌 보이는 것은 나만의 착각일까. 이제 거대한 항모(航母) 중국은 확실한 방향을 설정하고 발진하고 있다. 그 목표는 과연 어디일까?

〈China21〉

한중 미술교류의 확대를 위한 사전 포석

얼마 전에 전시기획 일 때문에 중국에 갔다가 한국 미술계의 사정에 정통한 한 조선족 교포를 만나 한중 교류를 둘러싼 제반 문제점에 관해 토론을 한 적이 있다. 이런 저런 이야기를 나누다 화제가 한국미술의 중국내 소개에 이르렀다. 나의 질문의 요지는 한국의 중국미술에 대한 관심은 지대하고 그에 따라 중국 작가들의 한국 소개는 매우 빈번한데 왜 중국에서 한국 미술 소개는 거의 없다시피 하냐는 것이었다. 그의 답변은 매우 충격적이었다. 요약하자면 중국 정부차원에서 볼 때 하등의 그럴 필요를 느끼지 못한다는 것이었다. 그러면서 그는 비근한 예로 중국에서 발행된 세계미술사 책에 한국 현대미술에 대한 소개가 전혀 이루어지지 않고 있는 현실을 들었다. 그의 말을 듣는 순간 나는 멍한 충격에 휩싸이지 않을 수 없었다.

그가 말한 대로 가령 상하이비엔날레나 북경비엔날레를 비롯한 국제전과 상하이아트페어나 북경아트페어, 그리고 민간 차원에서 열리는 순수한 교류전을 제외하면, 중국미술관과 같은 공공기관에 의해 기획된 한국 현대미술에 대한 전시는 거의 없다고 봐도 과언이 아니다. 그런 측면에서 봤을 때, 미술을 중심으로 한 한중간의 문화교류는 심하게 형평성을 잃고 있다고 할 수 있다. 뭔가 잘 못 돼도 단단히 잘못된 것이다.

최근에 열린 [China Gate]는 한중교류의 불공정성을 논의할 수 있는 시금석이 된다는 점에서 매우 주목되는 전시였다. 그것은 무엇보다 이 전시가 지닌 상징성 때문이다. 한국문화예술위원회 소속의 아르코미술관이 주최를 했다는 점, 미술관의 학예연구팀이 직접 현지를 방문하고 오랜 기간에 걸친 중국 미술현장에 대한 면밀한 연구와 조사를 거쳐 전시를 기획했다는 점은 최소한 이 전시가 그동안 국내에서 유행처럼 무차별적으로 이루어졌던 여타의 중국 관련 전시와는 다른 차별성을 갖는다. 즉 목적의식을 분명히 지닌 기획전시라는 점이 그렇지 않은 다른 전시와 다른 것이다. 그것은 퍼주기나 사재기가 아닌, 다시 말해 상업적 목적을 지니고 있지 않다는 점에서 공익적 목적을 분명히 했던 것이다. 이번 전시의 부대행사로 이루어진 세미나가 균등하고 상호호혜적인 한중미술 교류의 토대를 구축하기 위한 사전 정지작업적 성격이 짙었던 점도 인상적이었다. 그것은 단순히 중국 현대미술에 대한 소개의 차원에 그치지 않고 양국의 관계자들이 모여 중국 미술시장에 대한 의견을 교환하거나 향후 이루어질 문화교류에 대해 비록 구체적인 방법론에 대한 논의는 없었지만 그 필요성을 절감했다는 사실만으로도 소기의 성과를 거뒀다고 할 수 있다. 공은 이제 양국의 공공기관과 책임 있는 미술관계자들에게 넘어간 셈인데, 이 기획이 좀 더 구체화되어 멀지 않은 미래에 실질적인 결실이 맺어지길 기대한다.

아르코미술관 전관에서 열린 [China Gate]는 중국의 2세대와 3세대 현대미술 작가들의 작품세계에 대한 소개에 초점이 맞춰진 것이다. 전시기획의 글에서도 밝힌 것처럼 이 세대구분은 1989년의 천안문사태를 전후해 활동을 시작한 작가군(1세대)을 기점으로 할 때, 그 이후부터 1996년 원명원사태까지 활동한 주로 60년대 전후에 출생한 작가군을 2세대, 7,80년대에 출생한 작가군을 3세대로 보는 시각에 근거하고 있다. 1989년, 중국에서 첫 아방가르드의 공식적인 탄생을 알린 [중국현대미술전](중국미술관)을 중국현대미술의 시발로 간주할 때, 이 세대구분은 별 무리가 없어 보인다.

쑨푸롱, 우쩐, 왕닝더, 루어회이, 우쥔용, 천페이, 언마스크, 린지은팅, 리우쩡, 창신, 리난난 등등 11명의 참여작가들은 그동안 여러 전시를 통해 한국에 잘 알려진 작가들이 아니라는 점에서 일단은 참신해 보였다. 회화를 비롯하여 조각, 사진, 영상, 설치미술 등 다양한 중국 현대미술 2-3세대의 면모를 살펴보기에는 다소 규모가 작은 것이 흠이었지만, 이를 보충하기위해 중국 현대미술에 대한 자료를 열람할 수 있도록 일정한 공간을 할애한 것은 이번 전시의 강점이었다.

〈월간미술〉

행위미술이란 무엇인가?

이번에는 퍼포먼스에 대해 살펴보도록 하자. 실상 퍼포먼스와 설치미술은 직접적인 관계는 없다 하겠으나, 흔히 퍼포먼스의 과정 자체가 설치형식을 띠는 경우도 있고, 설치작가가 퍼포먼스를 병행하는 수도 많기 때문에 현대미술의 맥락에서 이 둘은 매우 가까운 사이라 아니할 수 없다.

그렇다면 퍼포먼스(Performance Art)란 과연 무엇인가? 우리에게는 행위미술 혹은 행위예술이란 말로 보다 친숙한 이 말은 우리가 일상에서 흔히 쓰면서도 정작 그 뜻을 물으면 아리송하기만 하다. 문화예술과 관련한 각종 행사나 혹은 어떤 집회에서 퍼포먼스 실연을 접하지만 정작 내용이 난해하여 이해가 잘 되지 않는 경우가 많다.

퍼포먼스는 현대미술 혹은 보다 폭넓게 말해 현대예술의 한 장르이다. 얼마 전까지만 해도 퍼포먼스는 작가의 예술적 영감이나 아이디어를 펼치기 위한 하나의 매체라는 견해가 지배적이었으나, 점차 확산돼 나가는 퍼포먼스의 추세는 하나의 장르 개념으로 간주해도 무방하리만큼 그 영역을 넓혀가고 있다. 게다가 발전을 거듭하고 있는 현대의 첨단매체들이 퍼포먼스와 결합하여 보다 광범위한 지각체험을 가져다준다. 이를테면, 밤하늘을 뚫을듯이 치솟은 조명과 전자음향, 인공위성을 통한 다지역간 동시 생방송 등은 현대의 발달한 테크놀로지의 힘을 활용한 것이다.

퍼포먼스에 대해 말할 때 빼놓을 수 없는 사실은 ,퍼포먼스가 금세기에 들어 본격화한 전위예술의 진행과 궤적을 같이 하고 있다는 점이다. 형식실험적인 특성이 강한 퍼포먼스는 정형화한 틀을 거부하면서 예술에 대한 기존의 관념과 한계에 도전한다. 따라서 일반적으로 퍼포먼스에서 어떤 정형화한 형식을 찾으려 한다거나 전형을 기대하는 것은 무의미한 일이다.

예를 들어보자. 현대의 발달한 통신매체를 사용한 퍼포먼스는 지구촌을 하나의 단위로 묶어 동시간대에 상호 소통을 가능케 해준다. 비디오 아티스트 백남준이 두 차례에 걸쳐 실시한 〈굿모닝 미스터 오웰〉(1984)과 〈바이바이 키플링〉(1988)은 통신위성을 이용한 텔레비전 쇼로서 대륙을 연결하는 열린 형식의 영상 퍼포먼스였다. 이 두개의 프로그램을 통하여 백남준은 특유의 상상력과 재치를 유감없이 발휘하였는데, 이 때 백남준은 그룹을 이끄는 지도자였다.

이처럼 퍼포먼스가 광역화하는 것이 있는가 하면 아주 좁은 공간에서 신체를 매체로 벌이는 축소된 형태의 퍼포먼스도 있다. 이는 주로 바디 아트(Body Art)에서 찾아 볼 수있는 특성으로 자신의 신체에 대해 위해를 가하는 것에서부터 신체 탐색에 이르기까지 매우 다양한 경향을 띠고 있다. 종교적 제의나 의식과 관계가 깊은 바디 아트는 때로 잔인하거나 극단적인 성향으로 인하여 세인들로부터 비난을 받기도 한다.

프랑스의 여류 퍼포먼스 작가인 올랑은 비난과 찬사를 동시에 받는 예술가이다. 일찍부터 자신의 신체를 사용하여 퍼포먼스를 펼쳐온 그녀는 자신의 얼굴과 신체에 대한 끊임없는 성형수술을 통하여 용모를 바꿔나가는 행위로 유명하다. 가장 이상적인 미인의 전형을 정해놓은 그녀는 거기에 도달하기 위하여 이를테면 마릴린 먼로로부터는 입술을, 오드리 헵번으로부터는 코를 빌리는 식으로 얼굴을 합성해 나간다. 그녀가 성형수술을 받는 장면은 비디오를 통해 관객들에게 방영되며, 수술에 사용된 피 묻은 거즈나 탈지면등은 경매에 부쳐지기도 한다.

70년대부터 〈확장된 신체〉 연작의 바디아트 퍼포먼스를 전개해온 호주 태생의 작가 스텔락은 최근 인터넷을 이용한 새로운 개념의 퍼포먼스를 시도하고 있다. 첨단의 테크놀로지를 이용한 그의 신체 퍼포먼스는 새로운 형태의 관객참여를 유발하고 있는데, 간단히 설명하면 멀리 떨어진 지역에서도 컴퓨터와 인터넷의 연결망을 통해 작가의 신체를 움직이는 것으로 요약된다. 작가의 신체 각 부위에 부착

▲ 왕치(王治)는 필자의 예명가운데 하나다. [태화강국제설치미술제] 기념 퍼포먼스 <우리는 행복해요>중 한장면 (2010)

된 전원이 여러 대의 컴퓨터에 연결되어 있고, 그것은 다시 인터넷을 통해 컴퓨터와 접속되어 있다. 만일 서울의 한 관객이 컴퓨터를 조작한다면 그것은 곧바로 인터넷을 통해 시드니에 있는 작가의 신체에 전기적 자극을 가해 작가의 신체를 움직이게 된다. 이처럼 스텔락의 "사이버네틱 바디" 퍼포먼스는 공간적 제약을 철폐하여 퍼포먼스의 새로운 지평을 열어 가고 있다.

이상 간단히 살펴본 것처럼 퍼포먼스는 가상이 아니라 실제라고 하는데 두드러진 특징이 있다. 실제의 사물을 사용하고, 실제의 신체와 사건이 등장하는 퍼포먼스는 인간의 상상력의 지평을 무한히 넓혀준다. 예술이 한낱 가상이나 가공된 허구가 아니라, 현실 속에서 실제로 벌어지는 사건일 수 있다는 점을 밝혀 줌으로써 가상과 현실 간의 간격을 좁혀나간다. 그리고 가상이 실제에 의해 완전히 대치되었을 때 우리는 예술의 위기와 함께 그 소멸 또한 접할 수 있게 될 것이다.

현대미술과 퍼포먼스,
성공을 위한 전략인가?

백남준, 요셉 보이스, 비토 아콘치, 볼프 포스텔, 이브 클랭 등등. 이 중에는 이미 세상을 떠난 사람도 있지만, 공통적인 특징은 모두 다 성공한 작가들이라는 점이며, 한 때 퍼포먼스를 했다는 사실이다. 백남준은 1960년대 초반부터 플럭서스(Fluxus) 페스티벌에 참가, 기상천외하며 익살스런 퍼포먼스를 선보여서 관심을 끌었다. 그는 1961년에 뒤셀도르프의 슈멜라화랑에서 열린 Zero그룹 개막식에서 요셉 보이스를 만났다. 이 둘은 이 만남 이후에 평생의 동지로 사귀게 되는데, 백남준은 언젠가 자신이 유명하게 된 배경에는 젊을 때 존 케이지를 만난 것과 유명하기 전의 요셉 보이스를 만났기 때문이라고 말한 적이 있다.

백남준은 요셉 보이스를 만나기 전에 존 케이지를 먼저 만났다. 그가 전위음악의 거장인 존 케이지를 위해 헌정한 작품인 〈Homage to

John Cage : Music for Tape Recorder and Piano〉가 1959년 11월 13일에 초연되었는데, 정작 당사자인 존 케이지는 이 자리에 참석하지 못했다. 그의 공연을 본 사람은 당시 독일에 거주하던 윤이상과 요셉 보이스였다. 백남준이 존 케이지를 만난 것은 이듬해에 메어리 바우얼마이스터 아틀리에에서 가진 〈Etude for Pianoforte〉의 초연에서였다. 공연을 하던 백남준이 갑자기 객석으로 나아가 존 케이지의 넥타이를 잘라버린 사건이 벌어진 것이다.

알콜 중독에 정신분열 증세까지 있던 잭슨 폴록은 1942년 당시만 해도 물감을 살 수 없을 정도로 가난했다. 그러나 그런 그에게도 기회가 왔다. 이젤 회화와의 종언, 즉 캔버스를 이젤에 올려놓고 그리는 것이 아니라 바닥에 펼쳐놓고 그리는 방식을 즐겼던 그는 예의 드리핑(dripping) 기법으로 그린 액션페인팅 회화가 유명해지면서 유명작가의 반열에 오르게 되었다. 그런데 폴록의 이 드리핑 기법이 바로 일종의 회화적 '퍼포먼스' 이다. 그것은 작업실에서 완성하여 화랑의 벽에 걸어 마무리되는 '결과로서의 작품' 이 아니라, '과정으로서의 작품' 이다. 폴록의 성공 이면에는 이러한 국면의 전환이 있었던 것이다.

1913년에 자전거 바퀴를 제시하여 〈Ready Made〉라는 개념을 창시한 마르셀 뒤샹은 1917년에 뉴욕에서 열린 앙데팡당전에 〈샘〉이라는 이름의 변기를 출품하였다. 'R. Mutt 1917' 이라고 사인이 된 이 작품은 심사위원단에 의해 거부되었고, 당시 심사부위원장 자격으로 심사에 참여한 뒤샹은 여기에 반발, 심사위원직을 사퇴하였다. 그런데 실제로 이 작품의 당사자는 바로 뒤샹이었다. 그는 나중에 자신이 만든 〈The Blind Man〉이란 잡지에 그 전말을 상세히 싣고, 다음과 같이 항의하였다.

"6달러라는 참가비를 낸 모든 화가는 작품을 전시할 권리를 갖게 되는 것 같다. 리차드 머트 씨는 샘 하나를 출품하였는데, 아무런 거론도 없이 그의 출품작은 종적을 감추었고, 전시에서 제외되었다. 머트 씨의 샘을 거부한 것은 어떤 근거에 의한 것인가?"

▲ 왕치(王治)작, 〈예술은 정치의 빰을 부드럽게 어루만진다〉 퍼포먼스 장면(2009).
이천세계도자비엔날레 특별전〈Ceramic Passion〉 중에서

마르셀 뒤샹은 실패한 입체파 화가였다. 그는 화가로서 자신이 성공할 수 없음을 예견하였다. 그는 당시 가장 전위적인 입장에 있던 입체파 화풍의 그림을 그려 사회적 성공을 거둔다는 것이 매우 어려운 일이라는 것을 깨달았다. 뮌헨에서 돌아온 그는 하나의 전략을 구사하기 시작한다. 오브제, 즉 레디메이드에 대한 관심이 그것이다.

마르셀 뒤샹의 도발은 현대미술의 근본을 뒤흔들었다. 다다와 이태리 미래파의 도발적인 퍼포먼스는 과거의 미학에 대한 전복을 목표로 삼았다. 1909년, 르 피가로지에 실린 '미래파선언'에서 필리포 마리네티는 다음과 같이 말했다. "달리는 자동차는 사모트라케의 여신보다 아름답다". 기계에 대한 찬미와 속도에 대한 숭배를 미적 이념으로 삼았던 미래파 작가들은 신체를 이념 표현의 매체로 여겼다.

퍼포먼스는 전위 가운데서도 최전선에 위치한다. 그래서 퍼포먼스 작가들은 선봉부대 중에서도 맨 선두에 서서 전방을 관찰하는 척후병에 비견된다. 그런데 이 척후병은 대열의 맨 앞에 가는 까닭에 적으로부터 총알을 맞을 확률이 가장 높다. 그만큼 죽을 위험이 큰 것이다. 반면에 전쟁 중에 큰 공을 세워 훈장을 받을 확률 또한 가장 높은 것이 바로 이 척후병이다.

"예술은 사기다"라고 한 백남준의 유명한 발언은 이미 흥행의 대상이 돼 버린 현대예술의 속성을 간파한 말이다. 넘쳐나는 예술가들의 숫자에 비해볼 때, 사회적으로 성공할 가능성이나 확률은 매우 낮다. 게다가 패트런이 밥을 해결해 주던 왕정시대도 아닌, 냉혹한 자본주의의 현실에서 예술로 먹고 산다는 일은 말이 그렇지 쉽지 않다. 그래서 예술가들은 남들의 눈에 띄기 위하여 온갖 기행을 서슴지 않는다. 백남준은 존 케이지의 넥타이를 자르고, 구두에 물을 담아 마셨다. 이브 클랭은 현악사중주단이 심포니를 연주하는 가운데 모델들의 벌거벗은 몸에 청색 물감을 묻혀 캔버스에 찍었다. 그는 일본에서 유도를 배운 유단자이며, 파리에서 유도사범을 지낸 경력의 소유자였다. 그가 죽고 난 이 작품들은 지금 비싼 가격에 거래되고 있다. 헤르만 니취는 양의 시신을 십자가에 걸어놓고 이를 찢는 의식을 거행하여 구속된 사례가 있다. 그는 지금 고성(古城)을 소유한 부자다.

요셉 보이스는 갖가지 기행과 자신이 사회적 조각이라고 부른 퍼포먼스로 유명하다. 1965년에 행한 〈24시간〉이란 퍼포먼스에서 그는 다양한 오브제를 활용하여 24시간 동안 자신의 신체적 한계를 실험했다. 〈죽은 산토끼에게 그림을 설명하는 방법〉은 얼굴에 기름을 바르고 금박으로 칠한 다음, 팔에 죽은 산토끼를 안고 그림을 설명하는 퍼포먼스인데, 한 인터뷰에서 그는 "죽은 산토끼가 사람보다도 더 그림을 잘 이해한다"고 너스레를 떨었다. 진짜 그런지는 요셉 보이스가 더 잘 알겠지만, 그는 지금 죽어 이 땅에 없으니 확인할 길이 없다.

프로레슬러인 장영철은 "레슬링은 쑈다"라고 해서 세상을 발칵 뒤집어놓은 적이 있다. 그렇다면 퍼포먼스도 쇼일까? 그런지도 모르겠다. 중요한 것은 가난할 때는 목숨을 걸고 온갖 짓거리를 다하던 작가들이 일단 유명해져서 부자가 되고 명예도 얻게 되면 갑자기 점잖을 떨기 시작한다는 것이다. 아마도 험한 짓을 하기에는 체면이 손상된다고 생각하는 모양이다. 마르셀 뒤샹은 오랫동안 은거하면서 〈Large Glass〉를 만들고 체스를 두면서 소일하였다. 그는 유언으로 “웨이터처럼 재미있게 인생을 살았다”라는 아리송한 말을 남겼다. 이 말의 진의는 무엇일까?

자본주의의 속악한 근성이 모든 것을 물신화한다. 한번 만지면 모든 것이 황금으로 변한다는 마이더스의 손처럼, 가공할 자본의 힘은 심지어 똥도 고가의 전략상품으로 만든다. “개나 사람을 물으면 뉴스가 되지 않지만, 사람이 개를 물으면 뉴스가 되는” 언론의 속성을 영악한 예술가들이 이용하고 있다. 그래서 예술은 더욱 극성스러워지고 늘 소문을 몰고 다니는 모양이다.

설치미술, 아날로그와 디지털의 경계에서

한국 현대미술에서 설치미술(installation)의 시작은 1967년 12월 11일부터 17일까지 중앙공보관에서 열린 [청년작가연립전]에서 비롯된다. 이 전시회는 당시 홍대 출신 20대작가들의 실험미술 단체인 〈무〉, 〈신전〉, 〈오리진〉 동인들이 연합하여 구성된 것이다. 한국에서 미술은 그 이전 만해도 회화는 캔버스의 범위를 벗어나지 못하고 있었으며, 조각은 구상이나 추상을 막론하고 3차원 양괴의 미술을 지향하고 있었다.

한 연구에 의하면, 60년대 중반에 캔버스에 기성의 사물을 부착한 회화가 있었다고 하나, 엄격히 말해 이는 설치미술이라고 볼 수 없다. 왜냐하면, 서구나 한국 모두 설치의 역사는 기성의 사물, 즉 오브제(objet)를 예술의 문맥 속으로 끌어들인 고유의 방법론에 기대고 있기 때문이다. 서양에 있어서는 마르셀 뒤샹의 부삽, 자전거 바퀴,

의자, 변기와 같은 이른바 '발견된 사물(found object)' 이나 쿠르트 쉬비터스의 〈메르츠 바우〉처럼 명백히 회화의 범주를 떠난 설치가 여기에 해당된다. 한국의 경우에는 예의 [청년작가연립전]에 최초로 등장한 연통, 철제함, 석고, 합판, 비닐 등이 조합된 구조물들이 그 효시이다. 이때의 설치작품들은 당시 서구 미술계에 선풍을 불러일으킨 네오 다다, 팝아트, 오브제 아트의 영향권에서 벗어나지 못한 한계를 보여주었다. 그러나 비록 형식은 외부에서 영향을 받은 것이라고 해도 실제 전시된 작품의 내용은 대부분 당시 한국의 시대적 상황을 반영한 것들이 주류를 이루고 있었다. 가령, 연통이나 성냥은 추운 겨울을 보내야 했던 대다수 서민들의 생활감정이 반영된 것이며, 젊은 여인의 인물초상과 첨단의 패션을 결합한 작품은 당시의 소비사회를 풍자한 것이다. 이러한 설치미술의 등장은 이 무렵에 시도된 해프닝(Happening)과 함께 대중들에게는 이상한 것으로 받아들여졌다. 왜냐하면 설치나 오브제는 겉의 형태보다 개념이 보다 중시되는 미술의 형식이기 때문이다. 따라서 미술의 역사에 대한 이해가 일천한 대중은 작가가 의도하는 바를 제대로 파악하기가 어려웠다. 그래서 웃지 못할 여러 해프닝이 속출하기도 했던 것이다.

1995년 '미술의 해' 사업의 일환으로 내가 기획한 [공간의 반란-한국의 입체 · 설치 · 퍼포먼스 1967-1995]전은 [청년작가연립전] 이후 한국에서 전개된 입체 · 설치 · 퍼포먼스의 역사를 일목요연하게 정리한 것이다. 한편으로는 설치미술에 대한 역사적 이해를 도모하고, 다른 한편으로는 이 분야에 대한 한국적 변별성을 추출하기 위해 기획한 이 전시회는 같은 해 8월 26일부터 9월 2일까지 서울시립미술관에서 열렸다. 이 전시회에 맞추어 '공간의 반란' 이란 책자도 발행했는데, 이 책은 풍부한 도판과 함께 이 시기의 미술운동과 경향에 대해 여러 비평가들이 쓴 기존의 글들을 모은 일종의 앤솔로지다.

이 책에 수록된 '전시회를 기획하며' 란 나의 글을 보면, 서양에 비해 50년, 가까운 일본에 비하면 약 10년이 늦은 한국의 오브제와 설치미술의 역사가 어떻게 장족의 발전을 기하게 되었는가 하는 점에 대해 살피고 있다. 이 글에서 한국현대미술의 발전은 근대화 이후 꾸준히 진전을 본 경제적 상황에 힘입고 있음이 드러난다. 우선 가시적인 지표로 드러난 것은 현격히 증가한 전시회의 개최 건수이다. 예컨대, 베니스 비엔날레에 한국관이 건립된 1995년에 이르면, 연간 약 5천 건을 웃도는 전시회가 열리고 있어 30년 전에 비해 볼 때 현저한 증가를 말해주고 있다. 한국 현대미술에서 오브제나 설치, 퍼포먼스의 역사는 전위(avant-garde)의 역사와 병행한다. 이는 또한 전위예술이 집단적 성격이 짙은 점을 감안할 때, 집단(group)의 역사이기도 하다. 한국의 전위 혹은 실험미술은 대부분 집단에 기대고 있다. 50년대의 소위 앵포르멜(Informel)을 비롯하여 60년대 후반의 [청년작가연립전], 70년대의 〈S.T〉, 〈A.G〉, 〈신체제〉, 80년대의 〈현실과 발언〉을 중심으로 한 정치적 아방가르드에 이르기까지 대다수의 전위미술 운동은 집단적으로 전개되었기 때문이다. 이러한 미술운동

▲ 왕치(王治)작, 〈우리는 행복해요〉, 설치작업 중인 필자

의 배경에는 한국 특유의 정치 · 경제 · 사회적 상황과 논리가 버티고 있다. 예술이 사회의 한 반영이라는 사회사적 관점이 유효한 이유도 바로 여기에 있다. 그런 관점에서 봤을 때, 한국의 실험미술은 단순히 서구미술의 재판이요, 그 영향권에서 벗어나지 못했다는 단순화의 함정에서 벗어나 명예회복이 가능하다. 그것은 새로운 해석학적 관점을 필요로 한다. 최근에 일고 있는 '한국 현대미술 다시 읽기'의 새로운 바람과 이 시기에 대한 활발한 미술사 분야의 저술은 다같이 한국 미술을 살찌우는 토양들이다. 설치를 중심으로 한국 현대미술의 역사를 두 개의 단층으로 분류할 수 있다면, 그 단층의 첫 번째는

60년대 후반의 소위 청년작가연립전 세대의 등장이요, 두 번째는 80년대 후반 〈뮤지엄〉 그룹의 등장이다. 그리고 이 두 개의 단층에 굳이 표제어를 붙이자면 전자는 경제적 개발의 세대, 후자는 성장의 세대라고 부를 수 있다. 전자가 근대화, 도시화, 아날로그를 미감적 특징으로 지니고 있다면, 후자는 포스트 모던, 키치, 디지털, 영상세대적 미감을 특징으로 한다. 이 도식화된 단순화가 혹여 오해를 불러일으킬 소지도 있겠다. 그러나 오해 마시길. 이는 단순히 40여 년에 걸친 설치미술의 색채적 변별성을 느껴보기 위한 편의적 가름에 지나지 않으니까.......

아날로그와 디지털의 차이점 가운데 하나는 아날로그는 마치 시침과 분침의 추이를 느긋하게 완상하는 것처럼 사물을 천천히 음미할 수 있다는 것이다. 그러나 디지털에서는 이것 자체가 불가능하다. 디지털에 의한 가상의 세계에서는 원본이 없기 때문이다. 아날로그 세대의 설치작품은 필요에 따라 재현이 가능하다. 그러나 디지털 세대의 작품은? 재현해 낼 대상이 없는 이미지를 갖고 노는 디지털 세대에게 있어서 원본 없는 이미지는 그 자체가 현실이다. T.V, 비디오, 컴퓨터 등 각종 영상매체에 예속된 이들은 가상의 세계에 몰입하며 거기에서 자신의 삶의 둥지를 튼다. 이른바 오타쿠, 호모 비르투엔스라는 신인류의 등장인 것이다.

설치미술은 이제 하드웨어에서 소프트웨어의 시기로 넘어와 있다. 외형적인 구조보다는 거꾸로 소프트웨어를 위한 구조가 탄생되는 시점에 와 있는 것이다. 신인류는 그러한 구조에 내장된 디지털의 세계를 항해하는 전자 유목민들이다. 그 끝닿을 데 없는 가상의 세계, 가상이자 그것이 곧 현실이기도 한 세계를 유랑하는 유목민들인 것이다. 우리의 미술계로 말하면 90년대 초반의 신세대들이 어느새 아날로그 세대로 치부되는 시대에 우리는 와 있다. 〈아트 프라이스〉

사이버 아트의 등장과 최후의 비전문인

미술에 관한 한, 이제 예측 가능한 게 아무 것도 없다는 사실이 자명해졌다. 특히 컴퓨터가 만들어낸 가상공간(Virtual Space/VS)이 확산되면서 바로 어제까지 첨단으로 여겨지던 미술의 형식이 오늘은 낡은 것으로 치부되는 사태를 불러일으키고 있다. 게다가 가공할 유전공학의 발달은 신의 고유한 권능에 도전하여 윤리적 논쟁을 야기하기에 이르렀다. 유전자를 조작하여 복제양 '돌리' 를 탄생시킨 유전공학적 기술의 발달이 마침내 복제인간의 실현을 눈앞에 두기에 이른 것이다.

기술적 진보에 대한 인간의 끊임없는 욕망은 유토피아의 실현으로 대변되는 새로운 지복천년의 도래를 갈망한다. 인류는 니콜라스 베르자예프의 말처럼 "어떻게 하면 유토피아의 실현을 회피할 수 있는가 하는 문제에 골몰하지 않으면 안 되는" 위기에 직면해 있다. 영국의 소설가 올더스 헉슬리의 〈훌륭한 신세계〉는 이러한 인류의 위기를 대변해 준다. 공장에서 생산되어 컨베어 벨트에 실려 나오는, 인공수정된 인간들이 장차 겪게 될 불행은 단순히 공상소설 속에 등장하는 허구가 아니라 우리의 현실로 다가오고 있는 것이다. 이 소설 속에 등장하는 주인공 '존'이 과학과 현실 사이에서 정체성의 위기를 겪는 과정은 과학적 진보가 인류에게 장미빛 유토피아를 보장할 수 없음을 은유적으로 보여준다. 헉슬리가 그린 신세계는 일종의 유토피아임에 틀림없지만, 진리와 도덕이 부재하는 그곳은 진정한 삶이 아닌, 일종의 가상적 환영에 불과하다. 예정된 프로그램에 따라 출생하여 통제된 삶을 살아야 하는 소설 속의 주인공들에게 '소마'는 정체성의 혼란이 찾아올 때마다 본연의 생활로 돌아가게 하는 진정제의 역할을 한다. 그곳은 과연 유토피아(Utopia)인가, 디스토피아(Distopia)인가?

현대의 발달된 테크놀로지 가운데 컴퓨터는 인간적 삶의 양상과 질을 현격하게 바꿔 놓았다. 특히 인터넷의 등장은 종래의 단방향적 통신체계를 '쌍방향적(interactive)' 체계로 치환하여 예술 분야에 심대한 영향을 미치고 있다. 컴퓨터 공학의 발달이 야기한 '사이버 아트(Cyber Art)'의 등장은 컴퓨터 단말기를 매개로 종래의 발신자(예술가)/수신자(관객)의 일방적 관계를 발신자/수신자, 수신자/발신자라는 '인터랙티브' 한 상황을 낳았다. 인터넷 네트워크로 이루어지는 온라인 시스템에서는 쌍방향 모드가 중시되는데, 이는 다양한 참여

예술의 형태를 야기하게 된다. 이러한 예는 전자우편(e-mail)을 이용한 퍼포먼스를 비롯하여 익명의 다수가 하나의 서버를 중심으로 게임의 국면을 진전시켜 나가는 MUD시스템에서 찾아볼 수 있다. 이러한 예들은 상상력이 오로지 예술가들에게만 부여된 고유한 권능이 아니라, 평범한 대중에게서도 나올 수 있음을 말해준다. 일찍이 요셉 보이스가 말했던 것처럼 "모든 사람이 예술가인" 시대가 도래한 것이다.

온라인 통신망으로 연결된 인터넷에서 정보의 사냥은 정보의 바다에서 파도를 타는 '서핑(surfing)'을 의미한다. 현실의 바다에서 짜릿한 파도타기를 즐기듯, 우리는 정보의 바다에서 '서핑'을 만끽한다. 문자, 음향, 그래픽, 영상 등이 어우러진 멀티미디어의 총아 컴퓨터는 예술의 창작과 감상에 따른 모드 자체를 변질시키고 있다. 또한 정보화 사회에서 개인은 능동적으로 정보를 생산, 가공, 소비하는 일에 참여한다.

멀티미디어의 출현이 예술에 미친 영향은 예술의 형태를 결과 중심의 예술에서 과정과 참여 중심의 예술로 전환시켰다는 점이다. 20세기 초엽 인류는 컨베어 시스템을 현대문명의 목록에 추가하여 생산성을 높이는 획기적인 변화를 초래하였는데, 이러한 형태의 생산방식은 예술가들로 하여금 창작에 있어서 과정(process)과 참여를 중시하도록 부추겼다. 퍼포먼스(Performance Art)는 이처럼 과정이 중시되는 사회 시스템에서 나올 수 밖에 없는 예술의 한 장르인 것이다. 전통적인 예술의 장르에서 예술작품이 창작의 결과물로 간주되었다면, 쌍방향 모드가 중심을 이루는 멀티미디어 환경에서의 예술은 '퍼포밍(performing)' 된 모드, 곧 참여와 과정 그 자체가 예술적 환경을 구성하게 된다. 그리고 이러한 예술형태는 결국 예술 장르 사이의 견고한 울타리를 허물고 각 예술의 특성을 통합시키는(unifying) 새로운 형태의 퍼포먼스로 발전하게 될 것이다. 일상공간과 가상공간의 경계에서 버티즌(가상적 시민:Virtizen/virtual citizen의 약자 : 필자의 용어)이 벌이는 이 새로운 형태의 예술행위야말로 예술과 일상의 통합이라는 이상을 실현하는 좋은 선례인 것이다.

사이버 인간(cyborg)의 등장은 만물을 창조한 신에 대한 모독인가, 아니면 단순히 신의 창조행위에 대한 하나의 유비(analogy)인가. 그것도 아니면 익살맞은 패러디인가. 최근 국내에도 등장한 사이버 가수 아담과 류시아의 일화는 미래 예술의 심각한 면모를 보여준다. 이 두 사이버 가수들은 혈액형과 키, 몸무게뿐만 아니라 취미와 기호(嗜好) 마저 지니고 있다. 말하자면 '인격화' 된 사이버 인간인 셈이다. 이들은 기성가수처럼 노래도 부르고 CF 모델로도 활동하여 경제활동을 영위하고 있다.

사이버 아트의 형식을 창출한 컴퓨터 환경은 전문화 시대의 산물이다. 다가올 새로운 밀레니엄의 시대는 필경 보다 더 가속화되고 발달된 테크놀로지 사회를 낳게 될 것이다. 자동화된 사회, 사이보그가 인간을 지배하는 사회, 그 속에서 예술가는 로덴버그의 말 그대로 "최후의 비전문인"으로 남을 가능성이 크다. 그러한 사회는 과연 유토피아인가, 디스토피아인가?

〈나주국제학술대회 발제문, 1999〉

넷째 장

인생은 아름다워라

▲ 필자의 근영(近影)

세기의 목동이 벌이는 퍼포먼스-정주영

정주영 현대그룹 명예회장이 16일 한우 500마리를 트럭에 싣고 북한 땅을 향해 통일대교를 넘어가는 장면은 맨손으로 세계적인 기업을 일군 사업가의 면모 뒤에 숨겨진, 아이디어 맨의 일면을 엿보게 하기에 충분했다.

이미 아산만 물막이 공사에서 폐선을 이용한, 소위 '정주영 공법'에서 알 수 있는 것처럼, 그의 독특한 창조력은 전 생애를 통해 숱한 일화를 낳았다. 가령, 6.25동란 중인 1952년 12월 당시, 미국 대통령 아이젠하워의 방한을 맞이하여 유엔군 묘역을 파란 보리로 장식한 일이 그 단적인 예이다. 아이젠하워는 유난히 잔디를 좋아했는데, 도대체 그 누가 엄동설한에 파란 잔디를 구할 수 있겠는가. 그러나 미군 측의 부탁을 받은 그는 서슴지 않고 인근의 보리밭에서 자라는 보리를 수십 트럭에 옮겨 실어 유엔군 묘역을 온통 파란 색으로 칠해

놓았던 것이다. 이쯤 되면 가위 세계 최초의 대지예술가(?)라 하지 않을 수 없다.

이 같은 정 명예회장의 독창적인 창조력은 그의 생애를 통해 유감없이 발휘되었다. 그 가운데 백미(白眉)는 단연 '사진사건' 이다. 초가집 서 너 채와 소나무 몇 그루만이 보이는 황량한 바닷가 풍경이 담긴 사진 한 장으로 26만 톤급 유조선 2척의 건조권을 따낸 이 에피소드가 마침내 울산현대조선소를 이룩하는 계기가 되었던 것이다.

정 명예회장의 방북 장면 중 가장 하일라이트는 5백 마리의 소를 싣고 서산농장을 출발한 50대의 트럭이 판문점을 거쳐 북한 땅으로 넘어가는 장면이었다. '정주영 명예회장 방북 소 운반차량' 이라고 쓴 플래카드를 부착한 50대의 트럭행렬이 판문점을 넘어 일제히 북한 땅을 달리는 장면은 보기만 해도 가슴 벅찬 일이 아닐 수 없다.

세기의 牧童(?)이 벌이는 이 기막힌 퍼포먼스야말로 그 동안 굳게 닫혔던 남북 간의 빗장을 열고 나아가서는 이산가족의 애끓는 한을 푸는 한판 축제에 다름 아닌 것이다. 순전히 정주영 자신의 개인적인 착상과 노력에 의해 이루어진 이 쾌거는 남북 간 교류에 관한 한, 그 동안에 있었던 그 어떠한 정치적인 협상이나 거래보다도 더욱 값지고 순수하다. 고향에 대한 열정과 갈망이 그로 하여금 '북한 드림' 을 꿈꾸게 했고, 마침내 소 1천 마리와 옥수수 4만 8천 톤이라는 고향방문 선물의 아이디어로 연결되었던 것이다. 여기서 우리가 주목해야 할 것은 사태를 풀어 가는 데 결정적인 역할을 하는 정 명예회장의 발상의 전환법이다. '궁하면 통한다(窮即通)' 라는 말이 있듯이, 결정적 고비에 부딪힐 때마다 기발한 아이디어를 내서 국면을 전환하는 '정주영式 발상의 전환법' 이야말로 오늘의 현대가 있게 한 원동력의 하나이기 때문이다. 그리고 그가 보여준 이 착상들이야말로 가위 예술의 경지에 도달해 있음을 주목하지 않을 수 없다.

우리말로 행위예술을 가리키는 퍼포먼스(Performance)의 어원은 라틴어 'funtus' 로서 '기능' 을 의미한다. 영어의 'function' 에 해당하는데, 말 그대로 '어떤 일이나 사물이 어떤 기능을 할 때 나타나는 과정이나 결과' 를 뜻한다. 곧 도구성(instrumentality)과 유용성(utility)의 개념이 바로 그것이다. 이를테면 올림픽 게임은 그 자체가 거대한 문화적 퍼포먼스로서 운동경기를 통해 인류의 화합과 친선을 도모하는 기능을 하는 것이다. 바로 그러한 관점에서 볼 때, 정명예회장이 벌이는 이 흐드러진 한판의 문화적 퍼포먼스야말로 그동안 굳게 경직되었던 남북간의 문호를 개방하고 민간차원 교류의 물꼬를 트는 기폭제가 되기에 충분하다. 그의 이번 방북은 비정치적인 행위이기 때문에 더욱 값진 것이며, 고향에 대한 그리움을 한 자연인의 순수한 동기에서 출발해 실현한 것이기 때문에 보다 뜻깊은 것이다.

개국이후 처음 맞이한 IMF의 대환란으로 온 나라가 가슴앓이를 하고 있는 현 상황에서 진정으로 필요한 것은 온 국민을 심정적으로 결속시킬 수 있는 정서의 공통분모를 찾는 일 일 것이다. 아래로는 시장의 상인에서 위로는 정책을 입안하고 수행하는 위정자에 이르기까지 우리에게 닥친 고난과 위기를 끝내 극복하고야 말겠다는 투지가 용솟음칠 때, 지역 이기주의에서 비롯되는 갈등은 자연히 사라지게 되리라 믿는다.

정치에도 고도의 메타포에 의한 문화적 전략의 도입이 필요하다. 말하자면 '정주영式 발상의 전환'이 필요한 시점인 것이다. IMF의 극복이라는 중차대한 소임을 맡은 경제관료들에게 필요한 것이야말로 유머와 슬기이다. 교과서적인 경제논리나 정치적 채널에 의존하는 것도 좋지만 때로는 예술적 상상력이 가미된 문화적 접근법을 써볼 필요도 있다. 왜냐하면 폭넓게 볼 때, 정치도 문화의 일부이기 때문이다.

〈경향신문〉

양식과 장르의 경계를 초월한 거장-운보 김기창

민족 대이동이 시작된다는 구정 하루 전날, 우리는 아까운 미술계의 별 하나를 잃었다. 운보(雲甫) 김기창 화백이 바로 그 주인공이다. 어렸을 때 장티푸스를 앓으면서 얻은 청각장애를 극복하고 긴 생애를 통해 예술혼을 불태운 한국화단의 거장. 향년 88세로, 얼마 전 이를 기념하기 위한 미수전(米壽展)이 성대히 열려 화제를 모은 바 있다. 가위 국민화가로 불러 손색이 없는 그는 듣지 못하는 신체적 장애를 아름다운 예술로 승화시킨, 수많은 장애인들의 귀감이자 정신적 사표였다. 그런 그가 노환을 이기지 못하고 마침내 우리의 곁을 영원히 떠나게 된 것이다.

고(故) 김기창 화백은 1914년 2월 18일에 서울 종로구 운니동에서 사업가 출신의 부 김승환(金升煥)과 모 한윤명(韓潤明) 사이의 3남중 맏아들로 태어났다. 어렸을 때의 가세는 매우 넉넉했던 듯, 여섯 살

때 중앙유치원을 졸업하고 일곱 살 때 승동보통학교에 입학하게 되는데, 이때 봄 소풍을 다녀와서 앓게 된 장티푸스가 원인이 되어 청각을 잃는 불행에 처하게 된다. 주지하듯이, 운보의 생애에서 반전(反轉)의 계기는 훗날 부인이 된 우향(雨鄕) 박래현과의 운명적인 만남이었다. 이때부터 비로소 신체적인 장애를 극복하고 화가로 대성하는 기틀을 마련하게 된다. 같은 길을 걷는 동양화가이자 동반자이기도 했던 우향과 운보는 때로는 서로 영향을 주고받으면서 독창적인 화업의 세계를 개척해 나갔다.

김기창 화백의 작품세계는 흔히 자유분방한 기질에 기인한 파격과 탈(脫)전통, 지칠 줄 모르는 실험정신으로 특징지워진다. 그의 작품의 시기구분은 흔히 3기로 나뉘는데, 제1기는 이당(以堂) 김은호 문하에서 전통화법을 배우면서 선전을 중심으로 활약하는 1931년에서 8.15 해방까지, 제2기는 우향과의 양식내지 소재적 교류가 선명히 나타나는, "전통회화의 기존 가치관을 깨고 나온 고독한 반란(이구열)"의 추상회화 시기(50년대~60년대 말), 제3기는 추상에서 결별한 뒤 청색위주의 호방한 필치를 주조로 한 '청록산수' 시기와 1976년 1월 우향 타계 이후의 정신적 공허감을 이기기 위해 창안한 '바보산수'의 시기가 그것이다. 그러나 이러한 시기구분이 항상 엄격히 지켜진 것은 아니며, 그때그때의 상황이나 창작의욕에 따라 기법이 달라지곤 하였다. 그의 이러한 창작태도는 미술평론가 이구열과 나눈 다음의 대담에 잘 나타나 있다.

“나의 생리는 어느 한 곳에 머물기를 싫어해서, 이걸 했던가 하면 또 딴 것을 하곤 했는데, 이 점은 실은 나의 예술에 관한 매우 중요한 연구과제가 될 것이다. 나를 제대로 이해하려면 그런 일련의 내 생리를 제대로 파악하여야 한다.”

운보는 양식적인 면에서는 구상과 비구상, 장르적인 면에서는 초상화, 인물화, 산수화, 풍속화, 종교화, 영모, 기명절지, 심지어는 삽화에 이르기까지 회화의 폭넓은 범주를 넘나든, 진정한 의미에서의 거인이었다. 그런 그가 우리의 곁을 떠났다. 삼가 고인의 명복을 빈다.

〈문화일보〉

석남(石南) 이경성-미술에 바친 일생

석남 이경성(1919~2009)은 자타가 인정하는 '제1호 미술평론가'이다. 그에 의해 본격적인 현대미술 비평이 이루어졌기 때문이다. 제1세대 미술비평의 선두주자인 그는 한국 현대미술 비평의 초석을 닦는데 큰 공헌을 하였음은 물론, 미술교육자 겸 미술행정가로서도 발군의 능력을 발휘하였다. 이들 분야에 대한 그의 간단한 이력은 다음과 같다. 첫째, 미술평론가로서 1960년에 한국미술평론가협회를 창립하고 간사를 역임한 후, 1967년에는 협회장을 맡아 미술평론가협회의 기틀을 마련하였으며, 둘째, 미술교육자로서는 1957년 이화여대 교수를 거쳐 홍익대학교 미술대학에 재직(1961-1982)하는 동안 미술대학 학부장을 거쳐 초대 대학원 미학 미술사학과장을 역임하였다. 셋째, 미술행정가로서는 약관 26세의 나이에 초대 인천시립박물관장을 맡은 것을 필두로 홍대박물관장, 국립현대미술관장(1982-1983 제9

대,1986-1991 제11대), 워커힐미술관장(1983-1986), 일본 소게츠미술관 명예관장(1992-1995), 서울올림픽미술관 관장(1999-2001)을 지낸 바 있다.

이상 열거한 사항은 편의상 그가 맡았던 직함을 열거한 것에 지나지 않는다. 그 보다 중요한 것은 어느 분야든 선각자로서 미술에 기울인 그의 열정과 애정을 살펴보는 일이다. 그는 일제 말에서 6. 25 동란에 이르는 어수선한 사회 분위기 속에서 미술품을 보는 안목을 키워 피난지인 부산에서 비평활동을 시작하였다. 원래는 동경 와세다 대학에서 법학을 전공하였으나 우연한 기회에 미술을 접하게 되면서 미술사로 전공을 바꾸었다. 그의 회고에 의하면 1939년 2월 동경에 도착하였는데, 막상 역으로 마중을 나온 사람은 원래 예정된 법과대학생 장분석이 아니라 이남수라는 다마미술학교에 재학 중인 인천 출신의 미술학도였다는 것이다. 그래서 마침 동향이기도 해서 반가운 차에 그의 아파트에 눌러앉게 된 것이 미술을 접하게 된 계기가 되었다고 한다. 그는 법률을 공부하는 틈틈이 우에노에 있는 국립박물관을 비롯하여 긴자에 있는 일동화랑, 청수사화랑, 자생당화랑, 고도옥화랑을 순례하게 되었고, 그러는 사이 자연히 미술이론을 공부하게 되면서 아울러 여러 화가들과 친분을 맺게 된다. 김흥수, 김민구, 김하건, 안찬주, 김학준, 정온녀 등은 이때 알게된 한국의 화가들이다.

1950년 6. 25 동란이 터지자 당시 인천시립박물관장에 재직하고 있던 석남은 부산으로 피난을 가게 된다. 당시 부산은 광복동의 다방을 중심으로 전시회가 이루어지고 있었다. 석남은 1951년 2월 한 전시회를 보고 난 후 '우울한 오후의 생리' 라는 제목으로 민주신보에 평문을 발표하였는데, 이 글이 그의 첫 공식적인 비평이었다. 이어서 그는 수화 김환기의 주선으로 서울신문에 '미협 3 · 1절 기념전' 을 3회에 걸쳐 비평함으로써 드디어 공식적인 미술평론가의 직함을 받게 된다.

비평가로서 석남의 활동은 1950년대 후반에서 70년대에 이르는 기간, 그 중에서도 특히 60년대 초반의 앵포르멜 운동을 중심으로 한 현대미술을 옹호하면서 절정에 달한다. 그는 당시 20대 중반에서 30대 초반에 이르는 청년작가들로 구성된 〈현대미술가협회〉의 전평을 통해 국전세대를 가리켜 '동맥경화증' 운운하면서 날카로운 논조로 기성세대를 비판하는 동시에 젊은 세대에 의한 전위운동을 격려하였다. "생리구조가 헐어서 일어나는 동맥경화는 미적 감수성과 감정을 고갈, 창조력의 부재 등 작가활동을 전적으로 정지, 정체시키는 무서운 노환"이라는 것이 이유였다. 석남의 현대미술에 대한 뚜렷한 옹호는 그 다음 세대인 이 일, 유준상, 임영방, 이구열, 오광수, 김인환 등으로 이어지면서 한국 현대미술 비평의 초석을 다지는 발판이 되었다. 비평에 있어서 석남의 등장이 지닌 의미는 김병기, 김영주, 이봉상, 정규 등 화가들이 미술에 대한 소개나 비평을 겸하던 시기에 본격적인 전문비평의 시대를 열었다는 점에 있다. 그를 가리켜 본격적인 '전문비평가 1호' 로 부르는 까닭이 여기에 있다.

두 번째는 미술행정가로서의 석남 이경성을 살펴보는 일이다. 그는 아흔 한 해에 이르는 긴 생애를 통해 박물관이나 미술관을 건립하는 일에 큰 역할을 하였다. 일제시대 때 동경에 유학할 당시 개성부립박물관 관장으로 있는 우현 고유섭의 권고로 박물관의 중요성을 인식하게 되면서 비롯된 박물관에 대한 열정은 인천시립박물관의 건립으로 구체화되기에 이른다. 그에게 박물관의 중요성을 인식시킨 사람은 우현 말고도 한사람이 더 있는데, 그가 바로 와세다대학 미술사학 과장인 아이즈 야이찌(會津八一) 교수였다. 그는 석남에게 "너의 나라의 미술사는 너희 나라 사람이 연구하고 개발해야 한다"고 조언하였던 것이다. 1945년 10월 31일, 석남은 인천 군정청과 협의하여 당시 향토관으로 사용하던 건물을 빌려 인천시립박물관을 개관, 초대관장으로 취임하게 된다.

인천시립박물관에서 시작한 석남의 미술행정에 대한 관심은 이대박물관과 홍대박물관의 건립으로 이어지거니와, 훗날에는 두 번에 걸친 국립현대미술관장의 취임으로 결실을 맺게 된다. 특히 국립현대미술관과의 인연은 덕수궁 시절에서 과천 시절로 이어지는 각별한 것이었는데, 후자는 국제적인 수준의 본격적인 국립현대미술관으로서 한국현대미술의 국제화에 거점이 되었다.

석남을 이야기하면서 '석남미술상'의 제정을 빼놓을 수 없다. 현재 23회에 이르는 이 상은 1979년 2월 17일 석남의 회갑을 기념하기 위하여 제정된 것이다. 35세 미만의 유망한 국내작가에게 수여되는 이 상은 회를 거듭하면서 역사만큼이나 중요한 역할을 하였다. 회화(한국화, 서양화), 조각, 비디오 및 설치 분야에 고르게 시상하여 우수한 작가들을 많이 배출하였다. 1회 수상자인 김장섭을 비롯하여 신현중, 조성무, 김수자, 윤동천, 강애란, 이수홍, 신산옥, 박인현, 김선두, 유근택, 지석철, 장화진, 황주리, 양주혜, 권여현, 신경희, 김진영, 김영진, 김범, 홍수자, 문경원, 박혜성 등이 그들이다.

석남 이경성은 자신의 표현대로 "깊이 보다는 넓이"에 치중한 생애를 살아왔다. "광야에 삽을 대고 앞으로 땅만 파고 나갔을 뿐, 그곳에다 무엇을 세울 것인가에 대해서는 관여하지 못했다"는 그의 발언은 선각자로서 자신의 한계를 지적한 말이리라. 그러나 인생의 황혼기에 접어든 그는 지금도 자신의 취미인 그림을 그리면서 한평생 미술의 길을 걸어온 자신의 삶을 마냥 행복해 하고 있다.

〈월간미술〉

미술계의 거목, 고(故) 석남 이경성 선생 영전에

얼마 전 석남 이경성 선생이 아흔 한 살을 일기로 타계하였다. 한국미술계의 큰 어른이자 비평계의 거목인 석남 선생의 타계는 예견된 일이기는 했지만, 그래도 설마 그렇게 갑작스럽게 돌아가시리라고는 예상치 못했다. 올 여름에 뉴욕에 있는 따님 댁에 다녀온 지인들에게서 비교적 건강하다는 반가운 소식을 들었기 때문에 선생의 부음은 같은 비평인의 한 사람으로서 마음 한 구석이 무너져 내리는 것 같은 비감에 젖게 했다. 석남 선생은 평소 많은 미술인들로부터 두루 존경을 받았기 때문에 아마 부음을 접한 사람들은 작가나 평론가 할 것 없이 모두 비통한 심정을 느꼈을 것이다.

석남 선생은 연세가 드실수록 점점 더 원숙한 인간미가 광채를 발한 보기 드문 인격의 소유자였다. 그 만큼 곱게 늙었고, 번잡한 세상의 이해관계를 초월하여 초연한 노경의 삶을 즐길 줄 아는 낭만적인 성격의 소유자였다. 우선 물욕이 없었다. 그래서 풍족한 삶을 즐기지는 못했다. 그런 당신의 삶이 때로는 불편했던지 간혹 농담을 던지고는 했다. "거 이대원이 좀 봐. 화가가 거장이 되니까 호당 몇 백만 원씩이나 해. 그런데 난 원고료 몇 푼 받고 글만 썼어." 그러면서도 정작 초탈한 듯 환하게 웃었다.

십여 년 전, 한국미술평론가협회장을 역임한 고 이일 선생이 타계했을 때였다. 당시 협회의 총무를 맡아보던 나는 빈소가 차려진 강남 삼성의료원에서 문상을 온 석남 선생을 맞이하였다. 그 당시만 해도 선생은 호암미술관의 자문의원으로 일을 하고 있었기 때문에 아주 건강하였다. 선생은 기사가 모는 검정색 승용차를 타고 문상을 왔다. 이일 선생은 1932년생이니까 나이로 치면 1919년생인 석남 선생과 무려 열세 살이나 차이가 났다. 그런 후배 비평가를 먼저 앞세웠으니 당신의 심정이야 오죽 하였으랴. 마침 유준상 선생도 그 자리에 있어서 화제는 자연스럽게 이일 선생과 관련된 추억이 중심이 되었다. 한국미술평론가협회의 회장을 역임한 유 선생은 마침 이일 선생과 프랑스 파리에서 동문수학한 사이여서 이일 선생의 음주와 관련된 재미있는 일화들이 선생의 입을 통해 흘러나왔다. 값이 싼 포도주를 늘 옆에 끼고 독서를 하고 글을 썼다는 이야기와 문학을 지망했던 한 가난한 나라의 유학생이 미술에 관심을 갖고 미술이론을 공부하게 된 과정 등을 로맨스 스토리와 곁들여 자세히 들을 수 있었다. 유 선생의 회고담은 이일 선생을 가리켜 키가 훤출한 미남에다 다정다감한 성격, 그리고 무엇보다 멋을 아는 멋쟁이라는 평가로 끝이 났다.

이구열 선생을 포함하여 한국미술평론가협회의 회장을 역임한 세 분, 곧 이일, 유준상 선생은 공교롭게도 1932년생 동갑나기다. 석남 선생은 이 분들보다 연배가 한 세대나 위다. 석남 선생은 1956년에 정규, 최순우, 한묵, 김영주, 김중업 선생 등과 함께 한국미술평론가협회를 결성, 미술비평의 중흥을 목표로 비평전문지 발행과 아울러 미술비평상 제정 등 다양한 사업을 구상하였으나 일년을 채 넘기지 못하는 불운을 겪은 바 있다. 그래서 필자가 회장을 맡고 있던 2006년도에 이 해(1956)를 원년으로 정해 한국미술평론가협회의 50주년 행사를 기획했는데, 〈동아시아비평포럼〉과 〈협회 50년사 발간 사업〉이 바로 그것이다. 그 중에서 〈동아시아비평포럼〉은 무사히 마쳤지만, 〈협회 50년사〉를 발간하지 못한 것이 회장 직을 물러난 지금도 마음속에 짐으로 남아있다.

이야기를 다시 원점으로 되돌리면 이일 선생의 빈소에서 들려준 석남 선생의 유머는 좌중을 웃게 하기에 충분하였다. 당신은 전혀 웃지도 않으면서 조용하게 들려주는 농담은 새겨들을 만한 것이었다. 그 중 한 이야기. 시골에 가면 컴컴한 사랑방에 노인이 앉아 있다. 그러면 아이들이 술래잡기를 한다고 쌩이질을 치며 돌아다니다 한 놈이 갑자기 사랑방 문을 확 열어 제킨다. 그리고는 하는 말, "얘들아, 아무도 없다. 가자." 선생은 말을 마치고 조용히 말했다. "그러니깐 늙은이는 사람도 아니란 이야기지." 순간, 좌중은 "와"하고 웃었지만, 뒤 끝이 어딘지 좀 씁쓸했다. 잠시 후에 석남 선생은 한 말씀을 덧붙였는데, 사람이 죽으면 시신은 법적으로 '물건'이 된다는 것이었다. 그래서 시신을 함부로 가져가면 절도죄가 된다나 뭐 그런 내용이었다. 나는 처음 듣는 이야기였다. 이런 저런 이야기를 하던 선생은 이윽고 자리에서 일어서면서 부러운 듯한 눈길로 빈소를 둘러보며 내게 말씀 하셨다. "내가 죽으면 나도 이렇게 (성대하게) 해 주구려."

그러나 이번의 석남 선생 장례는 선생의 바람처럼 그렇게 성대하지 못했다. 애초에 한국미술평론가협회가 주최가 돼서 미술인장으로 치룰 예정이었던 장례식은 갑자기 가족장으로 바뀌었고, 미국에서 이송된 유골은 선생의 고향인 인천시립박물관에 마련된 빈소에 안치되었다.

국립현대미술관장을 두 번씩이나 역임하고 평소 그 곳에 깊은 애정을 가졌던 석남 선생이시다. 그것도 최초의 전문 미술인 출신의 관장이었다. 그러나 들리는 바에 의하면 국립현대미술관 측은 행정 절차를 이유로 분향소 설치를 정중히 거절했다고 한다. 유족의 공식적인 요청이 없었던 것도 이유 중의 하나라고 한 언론은 전하고 있다. 김세중 관장의 서거 시에 유족의 요청을 거절한 것도 한 이유라고 한다. 물론 행정절차가 중시되는 국립기관으로서 나름대로 고충은 있었을 것이다. 그러나 국립현대미술관과 관련이 없는 고 백남준 선생의 분향소를 설치한 선례를 예로 들면 이 역시 사리에 맞지 않는 처사이다.

예로부터 우리의 관혼상제 풍속 중에서 혼례는 기쁜 일이기 때문에 사정이 있어 참석치 못하는 것은 크게 결례가 되지 않으나, 상을 당하여 슬픔을 위로하는 상례는 정서상 예를 다해 모시는 것을 법도로 알아왔다. 그 일을 결정하는 것이 그렇게 어려웠을까, 그 입장이 돼서 다시 한번 생각해 본다.

빈소가 차려진 인천시립박물관을 향해 지하철과 택시를 번갈아 갈아타고 가면서 지금쯤 하늘나라에 가 계신 석남 선생을 머리 속에 떠올렸다. 그리고 이만한 불편쯤은 평소 한쪽 다리가 불편했던 선생에 비하면 아무 것도 아니라고 애써 자위하자니 다시금 선생의 인자한 미소가 떠오르면서 눈시울이 붉어진다. 선생이시여. 부디 영면하소서.

〈미술과비평〉

고결한 기품의 미술평론가, 고(故) 이일 선생을 추모하며

작년 초에 우리는 한 비범한 비평가를 잃었다. 이일(본명 李鎭湜) 선생이 바로 그 주인공이다. 1932년 평안남도 강서에서 출생하여 평양고보와 경복중학교(구 6년제)에서 수학하고 서울대 불문과를 중퇴, 1957년 프랑스 파리에 유학하여 파리대학에서 미술사학을 전공한 선생은, 유학 당시 이미 조선일보 특파원으로서 문명을 날리기 시작했다. 불문과 재학시절부터 시작(詩作)에 몰두하여 랭보를 비롯한 프랑스 시인들의 세계를 섭렵하면서 장차 시인으로서의 입지를 꿈꾸기도 했던 선생은 세련된 서구적 감성과 조탁된 시어로 일찍이 현대미술 비평을 위한 탄탄한 기초를 연마하였다.

물론 선생이 처음부터 미술비평의 길을 걷기로 작정한 것은 아니다. 인생의 긴 여정에서 어떤 계기가 그로 하여금 장차 미술평론의 험난한 길을 걷게 한 것이다. 선생의 경우에 있어서 그 계기란 다름 아닌 프랑스 유학과, 그 도정에서 만난 인물들, 서적, 그리고 대학에서의 전공이다. 파리 소르본느 대학에서 미술사를 공부하던 동양의 한 학도에게 어느 날 미셀 라공의 〈추상예술의 모험〉(1964)이란 얇은 책자가 우연히 다가왔는데, 바로 이 책이 현대미술에 눈을 뜨게 되는 계기를 제공했던 것이다. 훗날 선생에 의해 번역되어 국내에 소개되기도 했던 이 책은, 거의 운명적이라고나 해야 할 만남이었다. 시에서 미술비평으로의 전환이 이 책에서 비롯된 것이다.

미술평론가로서 선생의 자질은 귀국후 홍익대학교 미술대학에서 교편을 잡으면서 두각을 나타내기 시작하였다. 선생이 홍대에 적을 둔 1966년 무렵은 마침 화단을 점유한 앵포르멜의 열기가 시들해지면서 뭔가 새로운 바람이 절실하던 시절이었다. 선생은 때마침 결성된 [AG]그룹의 동인으로 참가하면서 날카로운 평필을 휘두름과 동시에 [청년작가연립전(무, 신전, 오리진)], [ST] 등 당시 홍익대 중심의 젊은 전위그룹들에게 이론적 지원사격을 아끼지 않았다. 1960년대 후반의 화단적 정황은 전후세대를 중심으로 전개된 앵포르멜이 종언을 고하고 세칭 4.19세대에 의한 실험미술의 바람이 범화단적으로 불어 닥치던 시기였는데, 선생은 파리를 중심으로 한 서양화단의 최신 정보를 전파하는데 일익을 담당하였다.

70년대는 한국현대미술의 본격적인 정착 및 확산기였다. [에꼴드 서울], [서울 현대미술제], [앙데팡당] 등 대규모 미술제를 중심으로 모노크롬을 비롯한 다원주의적 경향이 제자리를 찾아가면서 명실공히 국제화의 시대를 구가하던 시기였다. 활발한 국제전의 참가속에서 한국미술은 가일층 활기를 띠기 시작했는데, 이 시기야말로 선생의 활약과 업적이 돋보이던 때였다. [카뉴국제회화제], [동경국제판화비엔날레], [서울국제판화비엔날레], [타이페이국제판화비엔날레] 등 유수의 국제미술제에 심사위원으로 초빙됨과 동시에 파리비엔날레에 커미셔너로 참가하는 등 국제적 활약이 돋보였다.

1980년대 중반 이후에 한국미술평론가협회장을 역임하면서(1986-91) 선생은 한국미술비평의 활성화에도 정력을 기울였다. 1986년, 국제미술평론가협회(AICA) 한국지부를 창설하고 국제교류에 힘쓰는 한편, 이듬해에는 한국미술평론가협회의 기관지격인 '미술평단' 을 창간, 미술비평인의 권익옹호와 지면확보에 공헌을 남겼다.

선생의 비평적 자세는 이론중심의 강단비평이 아니라 미술현장을 중심으로 한 현장비평적 성격이 짙었다. 유려한 문체와 해박한 지식으로 수많은 작가와 그룹 활동을 지원하였다. 선생의 이러한 비평자세는 다음과 같은 글속에 잘 나타나 있다.

"작가와 함께 산다는 것, 그것은 필경 평론가가 작가의 작품활동에 적극적으로 동참한다는 것을 의미한다. 그리고 여기에서 필수적인 것이 작가, 평론가 상호간의 신뢰감이다. 그러나 사실은 바로 여기에 문제가 있는 것으로 보인다. 작가와 평론가가 동참은 커녕 오히려 작가 따로, 평론가 따로의 판국처럼 보인다. 아니 실제로 그러하다. 그리고 그 원인은 작가, 평론가 상호간의 불신에서 기인된 것

▲ 운보 김기창 화백 자택을 방문한 미술평론가들, 왼쪽부터 이재언, 필자, 엄기홍(작가), 김복영, 고 이일 선생, 심영철(작가), 고 운보 김기창 화백, 유재길, 김재관(작가), 강선학, 김현도, 이종근(작가), 서성록 제씨(1991)

이다."

최근에 환기미술관에서 열린 [故 이일선생 추모전]은 이일선생의 업적과 생애를 기리기 위해 환기미술관 측과 한국미술평론가협회가 공동으로 마련한 전시회였다. 70년대의 작가들을 중심으로 다룬 서문모음집 〈이일 미술비평일지〉(미진사 刊)의 출판기념회를 겸한 이 전시회의 오프닝 파티에는 평소 고인과 친교를 나눈 많은 미술계 인사들이 찾아와 고인을 추모하였다. 생전에 친분을 유지했던 작가들의 기증작품을 중심으로 선생의 유품과 업적물이 전시된 전시장은 고인의 생전의 활동과 체취를 느낄 수 있도록 꾸며졌다. 이번 전시회를 계기로 일생을 한국의 미술발전을 위해 헌신한 미술평론가에 대한 추모의 전통이 자리잡길 바라는 마음 간절하다.

파리 유학시절을 함께 보낸 유준상 선생의 회고에 의하면 선생은 일찍부터 낭만을 무척 즐겼던 것 같다. 선생은 항상 와인을 옆에 두고 독서와 그림 그리기, 그리고 시작(詩作)을 즐겼다고 하는데, 그러한 음주습관은 귀국후의 화단생활을 통해서도 계속되었다. 선생의 음주 스타일은 자작의 음미형으로 유선생의 말 그대로 '애주가(愛酒家)'의 전형이었다. 시인 조지훈씨의 분류에 의하건대 입신(入神)의 경지에 든다는 음주 9단, 즉 '열반주(涅槃酒)' 였으니 술과 함께 그 고결했던 인품이 새삼 그리워진다. 〈미술세계〉

걸어 다니는 미술사전-김달진 관장

옛말에 '옷깃만 스쳐도 인연' 이라고 했다. 또한 '장은 묵어야 제 맛' 이라는 말도 있다. 모두 다 사람사이의 인연에 관한 비유다. 그 만큼 세상을 살아가는 데 있어 인연이 중요함을 강조한 말들이다.

나는 불교신자는 아니지만 김달진 관장을 떠올릴 때 마다 인연을 생각한다. 법구경에 이르길, "사랑하는 사람을 만들지 말라. 미워하는 사람도 만들지 말라. 사랑하는 사람은 못 만나 괴롭고, 미워하는 사람은 만나서 괴롭다"고 했는데, 그와 나는 사랑하는 사이도 미워하는 사이도 아니니, 아직은 괴로워야 할 처지가 아닌 것이 다행이라고나 할까.

김관장과 나는 동갑내기니 사실 따지고 보면 터놓고 지내도 괜찮은 사이다. 또한 고향도 김관장은 옥천이요, 나는 천안이니 같은 충청도 사람이라 말씨나 정서도 서로 통하는 데가 많다. 그럼에도 불구하고 우리는 서로 깍듯이 예를 갖춰 말한다. 김관장은 나를 '윤선생님' 이라 부르고 나는 그를 가리켜 '김소장님' 으로 호칭한다. '불가근 불가원(不可近 不可遠)' 이라 했거늘, 불에 너무 가까이 다가가 델 이유도, 또 너무 멀어 추워야할 까닭도 없음을 서로 이심전심으로 알고 지내는 사이다.

내가 김관장을 처음 만난 것은 1990년대 초반이었다. 그 당시 나는 현대백화점이 운영하는 현대아트갤러리의 총괄관장으로 근무하고 있었는데, 그는 검정색 가방을 어깨에 메고 자주 갤러리에 들렀다. 당시 그는 국립현대미술관 자료실에 근무하면서 자료 수집을 위해 매주 금요일이면 미술관이나 갤러리를 순례하는 것이 일과였다. 그래서 미술계 사람들은 그를 가리켜 '금요일의 사나이' 라는 애칭으로 불렀다. 독실한 기독교 신자에다 성품이 부드러운 그는 누구에게나 호감을 주기 때문에 지금까지도 누가 그를 욕하는 소리를 나는 들어본 적이 없다. 그만큼 그는 예의가 바르고 성실하여 다른 사람과 마찰을 일으킬 일을 아예 만들지 않는다. 답답하거나 억울한 일을 당하면 그저 말을 하다 울먹일 정도지, 그 이상의 선을 넘지 않는 것도 그의 인품이 지닌 미덕이요 매력이다.

사람을 알려면 같이 여행을 해보라는 말이 있듯이, 내가 김관장과 가까이 지내게 된 결정적인 계기는 몇 년 전 울산을 함께 여행하면서부터였다. 하루는 그가 내게 전화를 했는데, 울산에 사는 심수구라는 작가가 개인전을 가질 예정이니 전시 서문을 써달라는 거였다. 나는 심수구씨의 이름을 일찍이 70년대부터 들어서 알고 있었기 때문에 선선히 수락을 했고 드디어 함께 여행길에 올랐다. 울산에서 하루를 지내면서 우리는 가까워졌다. 물에 잠겨 아쉽게도 직접 보지는 못 했지만 반구대 암각화 지역을 답사했고, 귀하다는 고래 고기를 곁들여 맥주잔도 기울였다. 독실한 기독교 신자인 김관장은 술은 잘 못하지만 화답을 할 정도의 예의는 갖추고 노래 몇 곡쯤은 신명나게 부를 줄도 아는, 한 마디로 멋을 아는 속 깊은 멋쟁이다.

미술계의 소문 난 자료통인 그에게 나는 가끔 신세를 지곤 한다. 밖에서 일하다 갑자기 미술계 인사 누군가의 전화번호를 알아야 할 일이 생기거나 하면 지체 없이 나는 그에게 전화를 해서 물어보는데, 그럴 때마다 그는 귀찮아하는 내색도 전혀 없이 친절히 알려준다. 또 글을 쓰다 연대나 인명이 미심쩍을 때 그에게 문의를 하면 즉석에서 답을 해 주는데, 나중에 확인을 해보면 정확도가 완전히 백퍼센트 만점이다. 그는 실로 '114'에 '미술사 사전'으로 불려도 손색이 없으니, '걸어 다니는 미술사전'이란 세간의 평이 나올 법도 하다.

김달진 관장. 그는 입지전적인 인물이다. 고등학교 시절부터 미술자료 모으기에 뜻을 둔 이래 지금까지 한 우물만 파왔다. 성경 욥기에 이르길, "네 처음은 심히 미약하였으나, 네 나중은 심히 창대하리라"하였으니, 김관장은 이 말을 몸으로 실천하여 보여준 사람이다. 미술계의 보물과도 같은 김관장, 그가 없었다면 과연 그 누가 있어 저 산더미 같은 미술자료를 챙겼을 것인가!

불가근불가원(不可近不可遠), 내가 그를 가까이도 멀리도 하지 않는 이유도 바로 그를 지키는 것이 곧 미술자료를 지키는 일이라는 것을 깨달았음 아니던가. 세상에는 너무 가까이 하여 오히려 아니 만남만 못한 경우가 많으니, 이는 곧 내가 이 경구를 마음에 새겨두는 이유인 것이다. 〈아름다운 시작, 김달진자료박물관 발행〉

다섯째 장

문화와 축제

▲ [한국실험미술제]의 거리 퍼포먼스 장면(2010)

무지개다리와 문화의 거리 조성

'사간동 문화거리 만들기 운동'은 때늦은 감이 있지만 매우 잘된 일이라고 생각한다. 나 역시 평소에 인사동 화랑가를 다니면서 인사동과 사간동을 이어주는 문화거리 조성의 필요성을 절감하던 터였기에 '문화거리조성 추진위원회'의 이번 발족은 매우 뜻 깊은 일이다. 많은 사람들이 지적하는 것처럼 사간동을 문화거리로 조성하는데 가장 큰 걸림돌은 사간동 화랑가의 중심에 버티고 서있는 국군서울지구병원과 미대사관 숙소 건물이다. 이 두 건물은 문화예술의 중심지인 안국동과 사간동의 주변 환경에 조화를 이루지 못함은 물론 관람의 흐름을 끊어놓는 주 요인이 되고 있다. 언론의 보도에 의하면 문화거리조성 추진위원회에서 이 두 건물에 대한 이전건의서를 관계기관에 전달하였다고 하는데 원만한 협의를 거쳐 꼭 성사되었으면 한다.

내가 평소에 인사동 주변 화랑가를 다니면서 느낀 점은, 인사동과 사간동을 편하게 왕래할 수 있는 동선이 원만치 못하다는 점이다. 현재의 상태대로라면 인사동과 관훈동을 중심으로 한 문화권과 사간동을 중심으로 한 문화권의 상호 고립이 시간이 지날수록 가속화될 것이다. 주지하듯이 인사동 주변은 골동품과 서화 및 음식으로 유명한 문화예술의 거리요, 사간동 일대는 고궁 및 화랑가로 널리 알려진 곳인데, 현재의 구조는 이 두 지역간의 연계가 어렵게 되어 있다. 인사동에서 사간동, 혹은 그 반대로 사간동에서 인사동으로 이동할 때 현재 가장 편리한 방법은 종로 경찰서 앞의 육교를 이용하거나 아니면 한국일보사 앞을 거쳐 경복궁 지하도를 이용하는 것인데, 이게 여간 번거로운 일이 아니다. 게다가 안국동 로타리에서 동십자각 사이에는 미대사관 숙소의 긴 돌담길이 지루하게 펼쳐져 있어서 문화거리로서의 기능을 잃고 있다. 그 맞은편에 있는 한국일보사 주변은 70년대만 하더라도 화랑들과 운치 있는 주점이 모여 있어서 사람들의 통행이 빈번했는데, 요즈음엔 인적이 뜸한 편이다.

필자는 문화거리 조성을 위한 거창한 아이디어를 내기보다는 우선 실행이 비교적 손쉬운 방법을 제안하고자 한다. 날이 갈수록 편리성만을 추구하는 현대 도시인들의 속성을 감안한다면, 지금 당장이라도 한국일보사에서 맞은편에 있는 사간동 입구에 이르는 도로에 횡단보도를 설치하는 일이다. 그렇게 한다면 인사동에서 안국동 로터리를 거쳐 사간동으로 진입하는 일이 훨씬 손쉽게 될 것이고 다시 두 지역 간의 연계가 이루어지게 될 것이다.

만일 장기적인 도시계획을 염두에 두고 플랜을 세운다면, 안국동 로터리에서 한국일보사 맞은편의 동십자각까지 고가인도(무지개다리)를 만드는 방법도 고려해 볼 만 하다. 그래서 차량은 그 밑으로 통행하고 사람들이 자유롭게 고가인도를 통행한다면 훌륭한 명소로 자리잡게 될 것이다. 이 때 만일 현재의 미대사관 숙소를 이전하고 그 자리에 조각공원을 조성한다면 무지개다리에서 내려다보는 경치도 매우 좋을 것이다.

폭이 20미터에 길이가 400미터에 이르는 무지개다리는 인도를 겸하면서 한편으로는 각종 공연이 이루어지도록 개방한다면 더욱 좋겠다. 노상전시회, 퍼포먼스, 각종 묘기들이 자유롭게 그 위에서 이루어지고 예술관련 상품을 파는 노점들까지 곁들여진다면 축제분위기는 더욱 고조될 것이다. 그리고 무지개다리 양옆 즉, 미대사관 숙소 돌담길과 그 맞은 편 거리는 화랑과 골동품 가게들이 즐비한 화랑가로 만들면 금상첨화겠다. 〈공간〉

백일몽-2002 월드컵 개막공연

월드컵은 축구와 관련된 단순한 체육행사로 인식하기 쉽지만 실상은 그 자체 엄청난 홍보력을 지닌 메가톤급의 홍보 기회다. 전 세계의 이목을 집중시킬 이 행사를 우리는 한국을 세계에 알릴 수 있는 절호의 기회로 활용해야 할 것이다. 정부는 그동안 '한국 방문의 해' 라는 국가 차원의 프로그램을 통해 한국을 관광의 메카로 만들려는 노력을 기울여왔지만, 월드컵은 단 한번의 행사로 그 이상의 실질적 효과를 올릴 수 있는 최상의 기회인 것이다. 따라서 월드컵을 어떻게 치를 것인가 하는 문제는 개인을 떠난 범국가적 차원의 사안이라고 생각한다.

월드컵 문화축제를 떠올릴 때 우리의 뇌리를 스치는 것은 지난번 프랑스 월드컵의 개막행사이다. 프랑스의 문화적 역량과 세련미가 돋보인 프랑스 월드컵의 개막식 장면은 왜 프랑스가 문화의 대국인가 하는 점을 충분히 부각시켰다고 생각한다. 그것은 문화적 역량이란 것이 어느 날 갑자기 형성되는 것이 아니라, 오랜 시간을 통해 숙성되고 발효된 노력의 결과라는 평범한 진리를 새삼 확인시켜 주었다. 비록 이 월드컵이 일본과의 공동주최라는 단점이 있지만, 우리는 이번 기회를 통해 우리의 문화적 역량을 세계에 알리기 위해 공동의 노력을 기울여야 할 것이다.

'86아시안 게임' 이나 '88올림픽' 행사를 기념하기 위해 열린 백남준의 두 차례에 걸친 위성방송(〈굿모닝 미스터 오웰〉, 〈바이 바이 키플링〉)은 전파매체를 이용한 최대의 예술 이벤트였다. 위성방송 시스템을 활용하여 세계 곳곳에서 동시다발적으로 벌어지는 퍼포먼스를 방송 네트워크로 연결한 두 이벤트는 당시의 방송기술이 집약되었기 때문에 가능하였다. '88올림픽' 의 개막행사는 조명과 색채, 그리고 율동이 어우러져 한국 전통문화의 진수가 유감없이 발휘된 수작(秀作)이었다. 전통예술을 현대적 기법으로 풀어낸 이 행사는 한국 고유의 선과 색채가 지닌 미적 가치를 세계인의 마음속에 뚜렷이 각인시켰다. 그 중에서도 〈정적〉은 절제미가 돋보인 탁월한 작품이었다. 한 남자 어린이가 굴렁쇠를 굴리며 파란 잔디밭 위를 달리는 장면은 여러 공연행사 가운데서도 단연 두드러져 보였다.

2002 한 · 일 월드컵이 지닌 의미는 무엇보다도 새로운 밀레니엄이 시작되는 21세기의 첫 경기라는 점일 것이다. 다사다난한

20세기가 지나고 새로운 세기가 출범한다는 이 역사적 분기점이야말로 반성과 기대가 교차되는 문지방이 아닐 수 없다. 따라서 이번 월드컵의 개막식은 이 점을 염두에 두고 기획되어야 할 것이다. 그러자면 개막식의 내용을 단순히 한국의 전통 공연예술의 재현이나 고유의 이미지로만 채울 것이 아니라, 세계와 한국이라는 양대 축을 중심 개념으로 설정하는 것이 좋을 듯 싶다. 게다가 공연 타임이 한 시간이라는 점을 감안한다면, 잡다한 것보다는 상징적이며 압축적인 내용이 보다 호소력이 클 것이다.

한국의 이미지하면 여러 가지 것들이 떠오른다. 승무를 비롯하여 살풀이 춤, 사물놀이, 판소리 등등이 그것이다. 또한 조형물로는 장승이나 솟대도 한국을 대표하는 것일 수 있다. 기타 농악이나 차전놀이, 각종 굿도 빼놓을 수 없는 우리의 전승 민속놀이이거나 제의 형식이다. 그러나 이러한 것들을 무대에서 재현한다고 했을 때, 과연 그것이 보편성을 지니고 세계인의 심금을 울리거나 감동을 줄 수 있는 적합한 소재일 것인가 하는 질문을 한다면 답변이 반드시 긍정적이지만은 않을 것이다. 물론 이들 중의 몇몇을 현대적으로 해석하여 가령 88올림픽의 폐막식 공연처럼 감동적인 장면을 연출할 수도 있겠지만, 대부분은 외국인들의 이국취미나 만족시키는 데 머무르게 될 공산이 크다.

나는 2002 월드컵 개막공연의 기본 컨셉트를 정(靜)-동(動)-정(靜)으로 잡고 다음과 같은 가상의 공연을 하고 싶다. 물론 이것은 나 혼자만의 공상으로 끝난다.

도입부는 가장 상징적이며 압축적인 행위를 보여주게 되는데, 파란 잔디가 깔린 경기장의 한 가운데 흰색 한복을 입은 두 명의 여성이 서로 마주보고 앉아서 다듬이질을 한다. 정적이 감도는 가운데 천천히 다듬이질을 시작하여 시간이 지날수록 소리의 강도와 속도를 높여간다. 이 장면은 경기장에 설치된 대형 스크린을 통해 현장 중계되며, 소리는 마이크를 통해 증폭되도록 한다.

전개 부분에서는 집단적인 북 공연, 가령 밀양의 백중놀이에서 볼 수 있는, 박진감이 느껴지는 집단 북춤을 보여준다. 몇 백 명의 고수가 등장하여 집단 북춤과 행진을 하는 가운데 온몸에 흰 색과 황토색 호분을 칠한 약 천 명 정도의 공연자들이 등장하여 인간의 원초적 감정(분노, 사랑, 증오, 절규 등등)을 표현한 몸짓을 보여주는 퍼포먼스를 한다. 이 때 경기장의 대형 스크린에서는 20세기에 명멸했던 다양한 사건들, 가령 세계 제1차대전과 2차대전의 전쟁 장면을 비롯하여 아프리카의 빈민들, 아사직전의 헐벗은 어린이들 모습, 테레사 수녀의 사회봉사 장면, 아프가니스탄 전쟁과 세계무역센터 테러 장면 등등이 연속적으로 나타난다.

퍼포먼스가 진행되는 중, 갑자기 어디선가 요란한 프로펠러의 굉음이 들리며 예닐곱 대의 날렵한 은색 헬기가 나타나 경기장 위를 선회한다. 지축을 흔드는 프로펠러의 굉음이 요란한 가운데 헬기에서는 오방색의 연막이 피어오르며 형형색색의 카드 수 십 만장이 경기장 안으로 뿌려진다. 펄럭이며 내려오는 오방색의 카드들은 마치 하늘을 가득 메운 나비처럼 아름답게 허공을 수놓는다. 이 압도적인 광경에 관객들이 탄성을 발한다. 얼마 후 헬기들이 경기장에 착륙하고 헬기로부터 지구촌 곳곳에서 온 다양한 인종의 사람들이 내려온다. 아프리카의 오지에서 온 흑인 소년, 브라질의 탄광촌에서 온 광부, 미국의 뉴욕에서 온 무명의 백인 처녀 등 수 십 명이다. 그 중에는 세계적인 배우나 예술가도 끼어 있다. 마이클 잭슨, 엘리자베스 테일러, 백남준, 정명훈, 루치아노 파바로티와 같은 인물들이다. 빌리 그래햄 목사, 교황 요한 바오로 2세, 달라이 라마 등 세계적인 종교지도자들과 넬슨 만델라와 같은 인권운동가도 그 속에 있다. 관중들의 환호를 받으며 이들이 연단에 올라 평화의 메시지를 전한다. 이 장면은 전파를 타고 세계에 중계된다. 세계의 평화를 축원하는 교황의 기도가 끝나면 연단 아래 있던 천 여 명의 공연자들이 어느새 합창단으로 변해 평화의 노래를 열창한다. 노래가 끝나면 박진감 있는 집단 북 공연이 전개되는 가운데 일동이 경기장을 한 차례 행진하고 이들이 퇴장하면 제2부의 막이 내린다.

종반부. 경기장 안의 모든 등장인물들이 퇴장한 텅 빈 잔디밭에 천진난만해 보이는 한 여자 어린이가 한송이 꽃을 들고 나타난다. 어린이는 잔디밭에서 혼자 장난을 하며 논다. 잔디밭 위에 손가락으로 그림을 그리거나 깡충깡충 뛰기도 한다. 이 때 하늘에

은색으로 빛나는 미확인 비행물체(UFO) 한 대가 나타난다. 처음에는 하나의 작은 점으로 보이던 그것은 점차 모습을 드러내 경기장 상공 약 백 미터 지점에서 머문다. 원반 모양의 비행접시 바로 그 모습이다. 이윽고 비행접시가 잔디밭 위에 착륙을 하자 문이 열리며 일곱 명의 외계인이 나타난다. 붉은 망토를 걸친 그로테스크한 모습이다. 외계인들이 꽃을 손에 들고 자신들을 쳐다보며 서 있는 어린이에게 다가간다. 어린이가 꽃을 외계인 중 한사람에게 준다. 꽃을 받아 든 외계인들이 어린이와 헤어져 다시 비행접시에 탑승을 하자 그것은 다시 어디론가 사라진다. 비행접시를 향해 어린이가 손을 흔든다. 개막식 공연 끝. 〈문화예술〉

'문화적 퍼포먼스' 로서의 월드컵 축제

4천 5백만 국민들에게 꿈과 희망을 심어준 월드컵 축제도 이제 막바지를 향해 치닫고 있다. 아쉽게도 독일에게 패해 결승 진출의 꿈은 무산되었지만, 전국 방방곡곡의 거리와 광장, 공원에서 펼쳐진 우리의 성숙한 응원 문화는 전 세계인들을 감동시켰다. 지연, 혈연, 학연 등 그동안 우리 사회 곳곳에 만연된 온갖 부정적 요소는 '대한민국', '오필승 코리아!' 라는 우렁찬 구호 소리와 함께 깨끗이 씻겨나갔다. 드넓은 거리와 광장을 가득 메운 750만 '붉은 악마' 의 응원 모습은 우리 민족이 일찍이 경험해 보지 못한 감동의 물결이었고, 환희의 절정이었다. 그것은 하나의 장엄한 퍼포먼스였다.

우리가 언제 이처럼 진정한 해방의 기쁨을 맛본 적이 있었던가. 툭하면 반공 구호가 적힌 플래카드를 들고 광장에 집결해야만 했던 경험이 있는 40대 이상의 국민들은 보기만 해도 섬뜩한 느낌의 붉은 색을 이제 새로운 감회로 바라볼 것이다. 우리에게는 붉은 색 물감으로 그린 그림이 북한을 연상시킨다는 단 하나의 이유로 국전에서 낙선을 해야 했던 어처구니없는 시절이 있었다. 그에 비하면 지금 우리의 눈앞에서 벌어지는 이 발랄하고 생동감 넘치는 거리 응원전의 모습은 하나의 새로운 의식 혁명임에 분명하다. 중요한 것은 이러한 물결이 자발적인 참여에 의한 것이라는 점이다. 누가 시킨 것도 아니고 그 누구의 강요에 의한 것도 아닌, 스스로의 열정에 의한 참여인 것이다. 현대예술의 용어를 빌면 '관객참여(audience participation)'인 셈이다.

'붉은 악마'의 응원 장면을 항공 촬영한 사진을 보면 온통 거리에 붉은 물감을 풀어놓은 것처럼 붉은 색 일색으로 보인다. 그러나 인파 속을 헤집고 들어가 보면 거기에는 우리 국민들의 무한한 창조력이 숨겨져 있음을 알 수 있다. 붉은 색과 태극기를 소재로 다양한 독창적 아이디어들이 무명의 예술가들(?)에 의해 표출되고 있다. 바디 페인팅에서부터 가면, 의상, 응원용 소도구에 이르기까지 거기에는 미술이 있고, 연극이 있으며, 음악이 있고, 무용이 있다. 이 모두를 총칭하여 하나의 거대한 퍼포먼스라고 부르자. 정규 미술시간이나 음악시간에는 발휘되지 못한 기발한 예술적 아이디어가 이 해방의 축제를 통해 마음껏 발산되고 있는 것이다. 나는 이보다 더 훌륭한 예능 실습의 현장을 본 적이 없다.

암울했던 70년대의 군사독재 시절에 태극기는 외경의 대상이었다. 그 무렵 국기 강하식을 알리는 음악소리가 거리에 울려 퍼지면 아무리 바쁜 사람도 가던 길을 멈추고 국기에 대한 경례를 해야만 했다. 당시 길거리에 즐비하게 늘어선 사람들은 가슴에 손을 얹고 태극기를 바라보며 과연 무슨 생각을 했을까. 혹시 태극기는 가까이에 있지만, 나라를 사랑하는 마음은 멀리 있었던 게 아니었을까.

그런데 보라. 오늘 우리의 밝고 티 없는 신세대는 태극기를 이용해 만든 멋진 모자와 악세사리, 옷으로 치장하고 거리를 누비고 있지 아니한가? 태극기는 이제 외투처럼 무거운 두려움의 대상이 아니라, 애완동물처럼 친근한 우리의 벗이 되고 있는 것이다. 억압과 통제의 사슬에서 벗어나 해방과 창조, 승화의 경지를 향해 나아가고 있다. 월드컵 축구를 기폭제로 우리 사회에 새로운 의식의 물갈이가 시작되는 첫 신호탄인 셈이다.

붉은 악마들이 펼치는 거리 응원전을 하나의 거대한 문화적 퍼포먼스로 간주할 때, 이제 우리 사회가 '집단적 반성'의 국면으로 접어들고 있음이 자명해졌다. 반성은 개인의 경우 혼자 고독하게 이루어지지만, 집단적인 양상을 띠면 다양한 표현 형식과 기호를 빌리게 된다. 미술, 음악, 무용, 연극 등등이 한데 어울려 총체적으로 전개되는 가운데 말 그대로 집단적 퍼포먼스의 형태로 나타나게 되는 것이다. 탁월한 인류학자인 빅터 터너(Victor Turner)는 이러한 현상을 가리켜 '문턱성(liminality)'이라는 용어로 불렀다.

빅터 터너에 의하면, 리미널(liminal)한 순간은 "잠재력과 가능성이 충만한 상태"이다. 매일의 일상생활을 영위하고 법과 규범을 지키며 살아가는 가운데 꼭 무슨 일이 일어날 것만 같은, 극적이며 광휘에 휩싸인 순간이 바로 '리미널' 한 경지인 것이다.

나는 지금 우리가 살아가고 있는 이 영광되고 축복된 시간이 바로 '리미널' 한 순간이 아닌가 하고 생각한다. 정치적 쟁투와 경제적 불황, 이념의 갈등을 초월하여 우리 민족의 희망찬 미래를 열 수 있는 기폭제가 바로 월드컵 축제인 것이다. 그것은 한 마디로 우리 민족이 보여준 위대한 한판의 '빅 퍼포먼스(big performance)' 였다.

〈서울아트가이드〉

21세기, 예술가들의 소명과 역할

우리는 드디어 대망의 21세기에 진입하였다. 그것이 대망의 세기가 될지 아니면 20세기와는 양상을 달리하는 복잡한 문제들로 가득 차게 될지는 감히 예단할 수 없지만, 어떻든 우리의 현안에 대해 새로운 각오로 임해야 되리라는 것만은 분명하다. 저명한 인류학자 빅터 터너(Victor Turner)의 말처럼, 우리는 현재 희망과 기대에 찬 '문지방(threshold)' 을 통과하는 중에 있기 때문이다. 다사다난했던 어제의 일들을 잊고 광휘에 빛나는 내일을 맞이하기 위해서는 오늘의 우리가 처한 문제점들을 살펴보고 이를 개선하려는 각오를 분명히 세우지 않으면 안 되리라고 본다.

문명사적으로 볼 때, 지난 20세기는 진보와 혁명의 시대였다. 세기 초, 러시아 혁명을 필두로 유럽과 아메리카, 아시아, 아프리카 등 세계의 도처에서는 유혈사태가 끊임없이 이어졌다. 두 차례의 세계대전이 있었고, 제국주의의 사슬로부터 독립을 꿈꾸는 약소민족들의 해방 투쟁이 지구촌 곳곳에서 벌어졌다. 종교와 이념을 달리하는 민족간의 갈등은 지금도 중동을 비롯한 여러 지역에서 다양한 양상의 테러와 분쟁으로 나타나고 있다. 코소보, 체첸 사태는 보는 사람의 가슴을 아프게 한다.

이러한 사태를 바라보며, '예술은 과연 무엇을 할 수 있는가' 하는 새삼스런 질문을 하게 된다. 기아, 전쟁, 환경파괴, 성 · 인종 · 민족차별 등 세계에서 자행되는 바람직하지 못한 사태를 바라보며 예술가들은 무기력하기 짝이 없는 자신을 발견하곤 한다. 나는 과연 이 세계 속에서 무엇을 할 수 있단 말인가.

문제의 제기는 매우 단순한 것에서 비롯된다. 그것은 예술의 기능과 관계가 깊다. 가령, 주변에서 고통받는 사람을 발견했다 치자. 그를 발견한 사람이 화가라고 가정하면, 그는 그 정경을 바라보면서 고민에 휩싸이게 될 것이다. 그가 얼마간의 자선을 베풀든지 혹은 그 정경으로부터 받은 충격을 모티프로 그림을 그리든지 그것은 그의 자유이다. 얼마간의 자선을 베풀어 마음의 위안을 삼았다면, 그것은 사적인 행위가 된다. 그러나 거기서 받은 인상을 모티프로 삼아 훌륭한 작품을 제작했다고 가정하면, 그것은 공적 활동이 되는 것이다. 왜냐하면 화가는 '제도(institution)' 라고 하는 눈에 보이지 않는 울타리 속에서 살아가는 존재이기 때문이다.

지난 세기의 말엽, 우리 미술계는 극단적인 이념의 혼란과 투쟁에 휩싸였다. 70년대의 모더니즘과 80년대의 민중미술, 그리고 80년대 후반에 새롭게 등장한 포스트모더니즘의 돌풍 등 거의 10년을 주기로 화단의 양상이 변화를 거듭하였다. 그 과정에서 우리 미술인들은 적지 않은 반목과 쟁투를 벌여왔다. 그 가운데서 특히 모더니즘과 민중미술의 반목은 아직도 치유되지 않은 뿌리깊은 상흔을 남겼다. 한편으로는 동구권에서 일기 시작한 변화에 힘입어, 다른 한편으로는 유럽의 지식인 사회를 중심으로 불기 시작한 해체주의에 편승하여 세계의 패러다임이 서서히 변화하는 가운데 우리 사회 또한 변모돼 갔다. 90년대 후반에 접어들어 미술계는 여성/남성, 중앙/지역, 모더니즘/민중미술 등 과거 미술계의 울타리를 굳게 둘러친 카테고리를 해체하려는 움직임이 눈에 띄게 나타나기 시작했다. 그 가운데서 가장 두드러진 변화는 중앙과 지역의 해체현상이다. 이는 특히 지방자치제의 실시와 더불어 90년대를 특징짓는 하나의 거대한 흐름이었다. 페미니즘(Feminism)의 이름아래 여성들이 가부장적 남성중심 사회에 대해 이의를 제기했듯이, 서울 중심의 문화에 대한 지역 미술인들의 도전은 다양한 형태로 나타났다. 그 가운데 하나가 지역축제 혹은 각종 미술제의 창설이다.

지역축제 혹은 다양한 명칭의 미술제가 지역민들의 삶의 질 향상에 기여한 것은 분명한 사실이다. 그러나 이렇다할 명분이나 성격이 결여된 상태에서 그저 남이 하니까 나도 한다는 식의 막연한 지역축제의 창설은 예산 낭비는 물론 혼란만 초래할 뿐이다. 우리의 사정이 이렇게 되기까지에는 미래를 내다보지 못한 정부의 단견과 무신경이 원인의 상당 부분을 차지한다고 해도 과언이 아니다. 관료주의내지는 군사문화에 기인한 전시행정은 전국에 걸쳐 그럴듯한 모양의 문예회관이나 미술관을 양산하였지만, 정작 그것들을 운영할 수 있는 소프트웨어의 개발이나 전문 인력의 양성에는 소홀하였기 때문이다.

21세기를 맞이하여 우리의 문화예술인들에게 요구되는 덕목은 무엇보다 거시적인 안목으로 세계를 바라보고 해석하는 주체적인 예술인 상(像)일 것이다. 한 사람의 지성인으로서 세계의 아픔에 동참하고 당당히 견해를 피력할 줄 아는 비판인이 곧 새로운 세기에 적합한 예술가일 것이다. 이러한 견해는 예술의 소극적 기능으로는 이 사회의 환부를 치유하기에 역부족이라는 사실에 기인한다. 주지하듯이, 예술작품은 상징의 체계로 이루어져 있다. 모든 예술작품이 상징으로 이루진 것은 아니지만, 적어도 그것이 어떤 형태로든 감상자에게 작가의 메시지를 전달해 준다는 점에서 볼 때는 상징적이다.

우리는 고대의 예술이 공동체 사회를 정화(淨化)시키는 중요한 기능을 수행했다는 사실을 간과해서는 안 된다. 춤과 음악은 공동체의 일원들이 모여 공동체 사회의 안녕과 풍요, 다산을 기원하는, 없어서는 안 될 제의(祭儀)의 필수품이었다. 제정일치 사회에서 샤먼은 부족장이자 곧 치료사이며 예술가였다. 그렇다면 현대의 샤먼은 과연 누구인가.

고대의 원시공동체 사회는 부족을 토대로 형성되었다. 부족민들에게 있어서 하나의 공동체는 지리적으로 한 울타리를 의미했지만, 다른 부족과의 관계를 고려한다면 먼 거리였다. 그와 반대로 현대사회는 거리상으로는 아무리 멀다고 하더라도 실제적으로는 매우 가깝다. '지구촌(global village)'이라는 말이 의미하는 것처럼, 인터넷과 같이 실시간(real time)에 소통할 수 있는 통신수단이 있기 때문이다. 인터넷은 도구적 양면성이 있긴 하지만, 마치 부족회의처럼 도란도란 의견을 나눌 수 있는, 그래서 부족의 재앙을 치유할 수 있는 문명의 이기(利器)이다.

현대의 예술가는 자신의 안녕과 행복뿐만이 아니라, 타인의 안녕과 행복에 대해 관심을 갖지 않으면 안 될 운명을 타고 났다. 그것은 하나의 소명이다. 나날이 가까워지는 세계, 날로 부족화(部族化)하는 인류공동체를 위해 다시 한번 문화의 유목민 혹은 샤먼으로 거듭나지 않으면 안 된다. 〈2000〉

공정한 사회로 가는 길

이명박 대통령이 8.15 기념 경축사에서 밝힌 '공정한 사회' 발언을 무색하게 하는 사태가 연이어 벌어지고 있다. 국무총리를 비롯한 몇몇 장관 후보자들의 사퇴 파동은 우리의 공직사회가 얼마나 도덕불감증에 걸려있는가 하는 사실을 보여주는 단적인 사례다. 거기에 덧붙여 유모 외교부 장관의 딸이 특채에 합격했다는 SBS의 최근 보도는 우리 사회가 총체적으로 '도덕망국증'에 걸려있다는 사실을 보여주는 단적인 사례다.

어떻게 이런 일이 소위 민주주의를 신봉한다는 사회에서 버젓이 일어날 수 있는가? 그것도 현직 장관의 딸이 바로 그 부서에서 합격을? 설령 그만한 실력을 충분히 갖추었다고 해도 의심을 사지 않기 위해서는 당연히 응모를 하지 말았어야 했다. 우리 속담에 "오얏나무 아래서는 갓끈을 고쳐 매지 말라"고 했거늘, 왜 의심을 사는 행동을 보여 스스로 화를 자초하는가? 이 정도가 되면 공직자들의 전반적인 인식에 문제가 있는 것임에 틀림없다.

그렇다면 이번 사태는 비단 정치권에만 해당되는 일이라고 말할 수 있을까? 우리의 문화예술계는 과연 어떤가? 대중에게 가장 순수하다고 인식돼 있는 예술계는 깨끗하고 공정하다고 자부할 수 있을까? 각종 공모전을 비롯하여 공채, 콩쿠르, 수상작 선정이 과연 말 그대로 공정하게 이루어지고 있을까? 이런 의문은 겪어본 사람들에겐 고개를 흔들 정도로 부정적으로 들릴 것이다. 세칭 "짜고 치는 고스톱"이란 말은 우리 사회에 만연한 부정적 행태를 자조적으로 그려낸 자화상일 뿐이다. 우리나라가 어쩌다 이 지경에까지 이르렀는가?

미술계에 국한시켜 말해보자. 말썽 많은 미술대전 비리를 비롯하여 전국에서 행해지고 있는 공공조형물, 다양한 행사의 커미셔너나 예술감독 선정이 과연 공정한 심사를 통해 이루어지고 있는가? 복잡한 규정이나 절차는 다만 요식행위에 지나지 않을 뿐 정교한 각본에 의해 이루어지고 있다면 그것은 그야말로 경천동지(驚天動地)할 일이 아닌가? 그래서 그런 신고(辛苦)를 겪은 실력자들이 사회를 등지고 은둔한다면 그것은 국가적인 손실이 아닐 수 없다. 이른바 "악화(惡貨)가 양화(良貨)를 구축하는" 그레샴의 법칙이 통용되는 곳이 바로 대중이 순수하다고 알고 있는 예술계의 실상인 것이다.

대통령이 밝힌 '공정한 사회'는 노력하는 사람이 과실을 따먹는 사회를 일컬음이다. 어떤 목표를 앞에 놓고 밤잠을 안 자고 열심히 노력하여 소기의 목적을 달성하는 사회를 말한다. 공직자들은 그런 사람들이 성공할 수 있도록 공정한 절차를 마련하고 객관적 기준에 의해 합당한 인물이 선정되도록 공적 집행을 하는 사람들이다. 그 일이 중립적이어야 함은 물론이다. 그런데 만일 그런 중대한 일을 집행하는 주체들이 부정의 주체가 돼 움직인다면 이는 뭔가 잘못돼도 대단히 잘못된 일이 아닐 수 없다.

공공조형물을 비롯하여 각종 공모전의 수상작 선정은 무엇보다 공정하게 이루어져야 할 분야이다. 그것이 공정하게 집행되기 위해서는 그것을 실행하는 주체의 인식이 바로 서지 않으면 안 된다. 자신이 하고 있는 일이 공공적 이익을 도모하는 중차대한 일이라는 인식, 자신은 그 일을 공적으로 수행하는 위임받은 대리인에 불과하다는 인식, 그리고 그 일이 '공정한 사회'로 가는 길에 하나의 징검다리를 놓는 중요한 일이라는 인식이 자리 잡을 때 부정의 어두운 그림자는 점차 사라지게 될 것이다.

공적인 일을 수행하는 사람들은 이제 이 심상치 않은 조짐들이 무엇을 의미하는지 조심스럽게 귀를 기울여야 할 것이다. 지진은 발생하기 전에 경고의 음을 발한다. 그것을 가장 먼저 감지하는 것은 인간이 창안해 낸 지진계가 아니라 연못의 메기들이다. 메기들이 지진

이 올 것을 미리 알고 준동하는 것이다. 어찌 똑똑하다는 인간들이 한낱 미물에 지나지 않는 메기만도 못 한 것인가? 과연 그래도 되는 것인가?

〈문화저널21, 2010〉

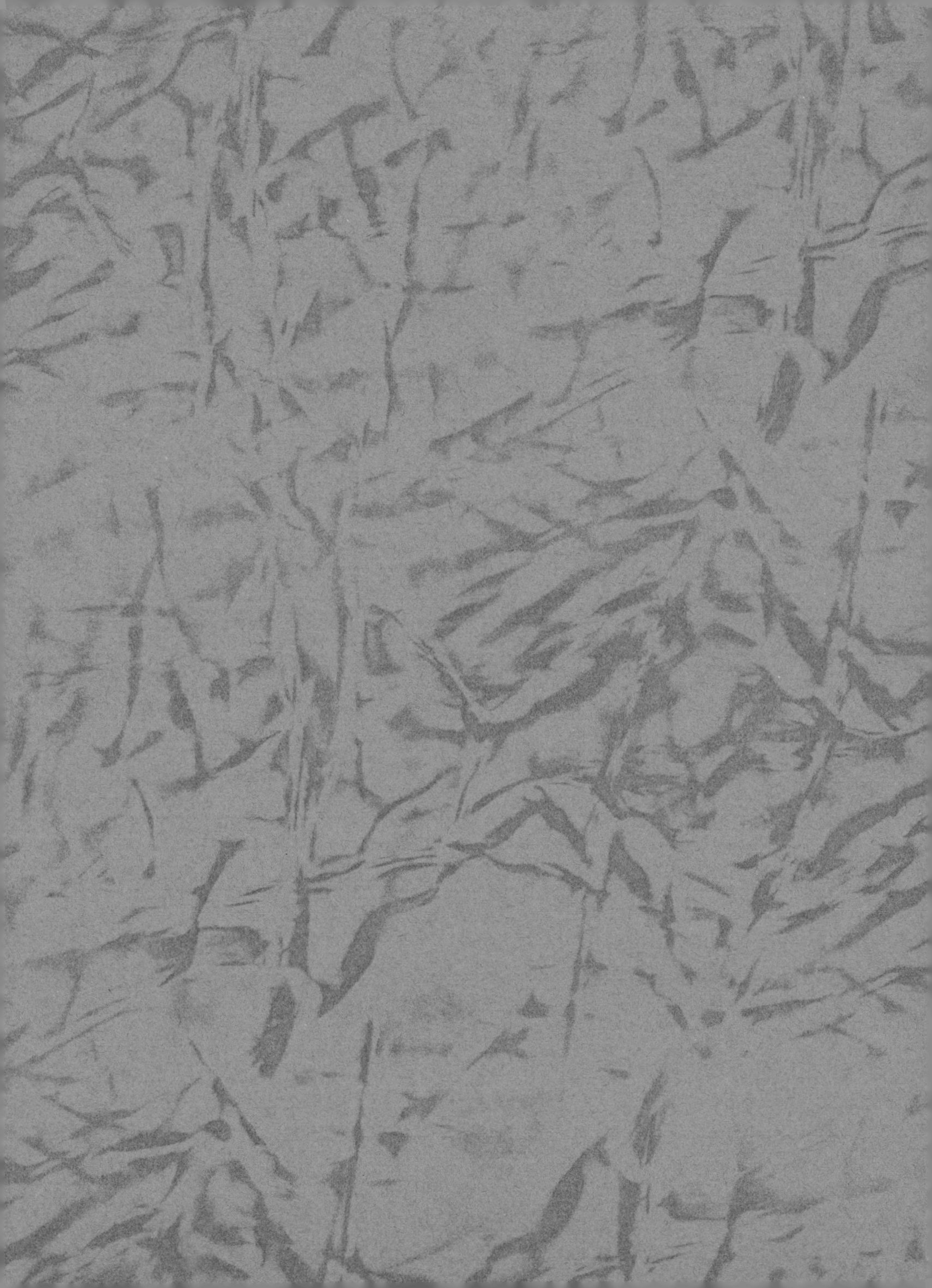

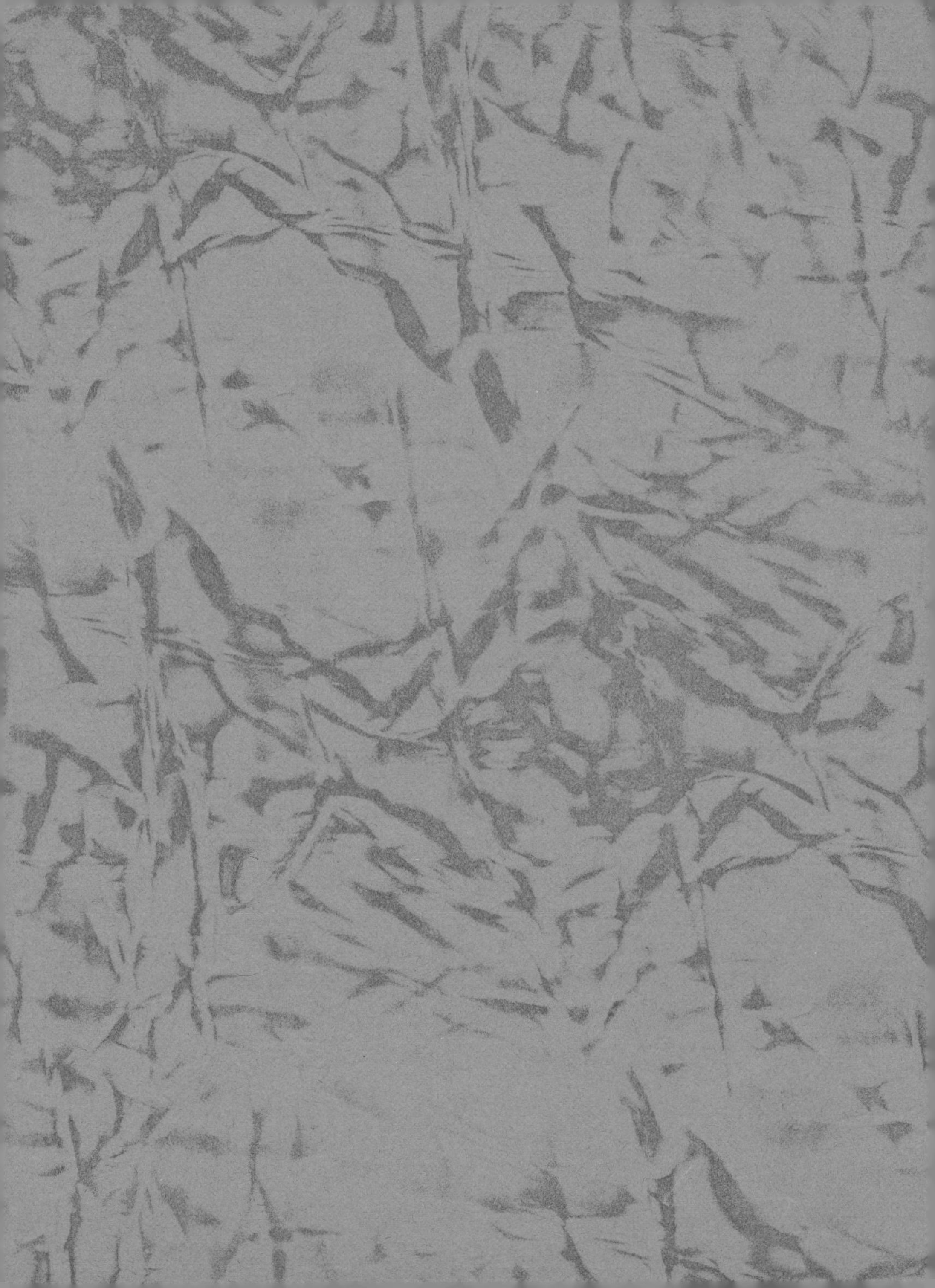